# L'Étoile sombre

Philippe Durant

# L'Étoile sombre

la manufacture de livres

Si vous souhaitez recevoir notre catalogue
et être tenu informé de nos publications,
envoyez vos coordonnées en citant ce livre à :

La Manufacture de livres, 101 rue de Sèvres, 75006 Paris
ou
contact@lamanufacturedelivres.com

www.lamanufacturedelivres.com

ISBN 978-2-35887-875-3

# 1

# L'AGRESSION

Septembre 1944.

Le soleil enrobe de sa douce quiétude le dernier printemps de guerre. Les Allemands ont abandonné le sud de la France, ne laissant derrière eux que des mauvais souvenirs et des familles broyées. Rares sont ceux à regretter le départ de ces uniformes vert-de-gris qui n'ont jamais réussi à se fondre vraiment dans le décor. En reprenant le chemin d'un Reich désormais déliquescent, ils favorisent la renaissance d'une notion que l'on croyait à jamais enfouie : l'espoir. La France se prend déjà à rêver de lendemains qui chantent, même si les notes restent discordantes. Car, pour certains, c'est une toute autre musique qui assaillent leurs tympans, celle du doute, trop souvent accompagnée par celle de la peur. Ces airs-là n'ont rien de mélodieux et se rapprochent trop des orages wagnériens.

Mireille Balin est dans le doute.

Depuis qu'elle a quitté sa villa cannoise, elle est envahie par des questions qui la taraudent et gâchent ce bon sourire qui, il y a peu, continuait d'illuminer les écrans européens. La star n'est plus qu'une étoile chancelante. Elle sait qu'on va lui faire payer le prix de sa liaison avec l'officier allemand Birl Deissböck. Elle le sait, mais elle n'en connaît pas encore le montant.

L'amour est-il punissable ? Oui, quand il concerne *l'envahisseur*, répondent d'une même voix ceux qui ont souffert du joug allemand, mais aussi les autres, tous les autres. Elle aurait pu s'éprendre d'un repris de justice, d'un pilleur de banques, ou même d'un assassin de vieilles dames, on lui en aurait moins tenu rigueur. Les compagnes de tous les guillotinés de l'Histoire de France ont rarement été inquiétées par la justice. L'amour a en commun, avec la justice, d'être aveugle.

Pour l'heure, Mireille n'a aucune idée de son avenir. Elle s'est installée dans un modeste appartement situé dans une bâtisse de Monaco pompeusement nommée château Périgord. Mais de château il n'en a que le nom. Quant au Périgord, il est bien loin…

Le choix de Monaco ne doit rien au hasard. Mireille espère que le statut privilégié de cette principauté la protégera. Elle joue gros, mais espère empocher la mise.

Birl est à ses côtés. En tant qu'officier allemand il peut soit se constituer prisonnier, soit tenter de regagner son pays natal. Il préfère rester auprès de cette femme dont la beauté l'a fasciné. Depuis plusieurs jours, il tente une ouverture auprès de l'armée américaine. Les soldats de l'oncle Sam ont pris pied en Provence et sur la Côte d'Azur, sans avoir aucun compte à régler. Hélas, ils sont débordés par le nombre d'actions à mener en même temps et de prisonniers à gérer. Pour eux, il ne s'agit plus seulement de libérer un pays, de traquer les soldats nazis, mais aussi d'installer une sorte d'autorité de transition pour éviter que la chienlit n'envahisse les rues. Pour efficaces qu'ils sont, ils ne peuvent tout contrôler. Ils sont plus préoccupés par le sort de la France que par celui des Français.

Birl leur a fait savoir qu'il était prêt à leur offrir son aide. Parlant plusieurs langues, il peut épauler les GI's dans leur gestion des prisonniers, voire accomplir des missions plus ou moins diplomatiques. Il espère se placer sous leur protection et, par extension, faire de même avec Mireille.

En ce mercredi d'apparence calme, le couple attend des émissaires américains. Les négociations devraient bientôt débuter. Une issue pourrait se dessiner dans la grisaille de l'incertitude.

On frappe à la porte de l'appartement.

Birl va ouvrir, le cœur empli d'espoir. Le petit groupe d'hommes qui lui fait face n'a rien d'américain. Ils portent des armes mais point d'uniformes. Leurs tenues sont hétéroclites, presque débraillées. Des brassards sur les bras de quelques-uns indiquent qu'ils font partie de la Résistance. Mot magique qui, depuis la débâcle allemande, regroupe bien des engeances disparates.

Ils bousculent Birl sans aucun ménagement, le

repoussant dans l'appartement. Ils crient, menacent, ordonnent. Ils se disent chargés des arrestations des *collabos*. Mais ils ne disposent d'aucun mandat, d'aucun papier officiel. Rien. Seuls leurs brassards, façonnés à la hâte, leur servent de sauf-conduit. Mireille et Birl n'ont nul besoin d'être fins psychologues pour comprendre que ces messieurs ne sont que des ordures qui s'arrogent un pouvoir exorbitant. Sous prétexte de laver l'honneur de la France, ils souillent les plus élémentaires droits de l'homme et singent les agissements de la tristement célèbre Gestapo française de la rue Lauriston.

Ces porteurs d'une mâle assurance qui leur convient si peu savent à qui ils ont affaire. Ils savent que la femme qui se tient devant eux est Mireille Balin. *La* Balin ! Une star de cinéma offerte à leurs pires turpitudes. Ils en salivaient déjà en montant les marches, ils sont désormais prêts à l'hallali. Armes dans les mains et vengeance dans les yeux, ils vont franchir les frontières de la dépravation en se soutenant les uns les autres. Même les loups les plus affamés gardent une certaine dignité.

Birl est roué de coups.

C'est leur manière à eux d'appliquer la justice. Une justice expéditive, qui n'a de justice que le nom. Ils ne savent rien sur cet homme mais le seul fait qu'il soit Allemand suffit à le condamner. Il échappe de peu à une balle dans la tête, mais non aux coups de poings, de pieds et de crosses. Ces courageux *résistants* français prennent un plaisir visible à cette destruction.

Mireille est traînée à l'écart. Elle craint le pire. Il va se produire, se décupler, se déchaîner… et s'acharner.

Ces hommes bestiaux lui arrachent ses vêtements, trop fiers de voir nue devant eux l'une des plus belles actrices de France. Ils se gaussent. Ils se gargarisent. Puisant dans le plus ordurier des vocabulaires des mots qu'aucune femme n'aime entendre. Mais ils ne s'arrêtent pas là. Ce serait trop facile. Trop rapide aussi. Ils veulent leur vengeance. Elle va voir ce qu'elle va voir la salope, la passionnée des nazis.

Mireille ne fait pas que voir, elle subit. Elle subit le viol de tous ces hommes qui se ruent sur elle, se la renvoient les uns aux autres avec des rires de hyène. Ils sont fiers de leur toute-puissance, fiers de leur virilité, fiers de transformer une femme en loque inhumaine. Après tout, elle l'a bien mérité, non ?

La violence efface le temps. Combien d'heures dure cette abomination ? Nul ne le saura jamais. Il faut que chacun aille au bout de son acte, c'est-à-dire de sa jouissance. Et encore, cela ne suffit pas à certains. Les plus bravaches, les plus odieux. Ils en redemandent. Les bêtes en rut sont des abruties…

Brisée de partout, dans son cœur, dans son honneur, dans ses os et dans son intimité, Mireille Balin est incapable de résister. Elle n'a plus de larmes dans son corps, plus de force dans son esprit.

Une fois leur forfait accompli, leur appétit de vengeance momentanément rassasié, ces soi-disant représentants d'un nouvel ordre français ordonnent à Mireille de se rhabiller. Ils ne la regardent même plus. Elle n'est plus qu'une épave malmenée par un ouragan.

Ils la relèvent et la poussent devant eux comme devaient l'être les sorcières sous l'Inquisition. Puis, ces valeureux héros ramassent ce qui reste d'Aloïs Deissböck, tombé dans le coma sous la violence des coups.

Ils traînent ce couple jusqu'à Nice où il est jeté en prison. Certains regrettent que les culs-de-basse-fosse n'existent plus. Ah, ils ont bien *travaillé*. La France devrait les remercier. Pourquoi pas les décorer ? Car ces humanoïdes ne cachent pas leur fierté. Et ne vont pas manquer de s'en vanter.

Le destin de Mireille Balin s'est, ce jour-là, transformé en tragédie. Quel mot pourrait résumer son état physique et psychique ? Il n'en existe aucun. Même les dictionnaires ont leurs limites.

Lorsque la nuit vient mettre un terme à cette journée déplorable, Mireille Balin est effondrée. Elle ne s'en relèvera jamais.

## 2

# VUE DU ROCHER

Il n'était pas prévu qu'elle apparaisse pendant l'été. Sa naissance était programmée pour les premiers jours de l'automne. Presque à la fraîche après les mois qui chauffent à blanc le rocher monégasque. Mireille aurait dû être une fleur de nouvelle saison, elle sera une anthémis d'été.

La faute incombe à un accident de voiture survenu sur la corniche reliant Nice à Menton. Rien de bien grave, mais la jeune Anita, qui n'affiche que dix-neuf ans, en sort sévèrement secouée. Au vu de son état de grossesse, le médecin ne veut prendre aucun risque : il faut sauver l'enfant.

L'événement a lieu dans la demeure familiale

du boulevard de l'Ouest. Le désormais grand-père, Charles-Eugène Balin, du haut de ses cinquante ans, s'empresse d'aller déclarer cet événement à la mairie de Monte-Carlo. Il en profite pour dévoiler les prénoms complets de la nouvelle née : Blanche Mireille Césarine. Qui a poussé son premier vagissement le 20 juillet de l'an de grâce 1909.

Sa mère se prénomme, donc, Anita. Née Locatelli à Turin. Du sang italien coule dans les veines de Mireille. Et l'on sait que ce sang-là bout plus vite que les autres.

Anita travaille en tant que repasseuse. Son mari, Charles-Joseph Balin, affiche vingt-trois ans et exerce la profession de typographe. Il est né à Miramas, à l'ouest des Bouches-du-Rhône. S'ils se sont retrouvés à Monaco, c'est à cause de Charles-Eugène qui a constaté, avec justesse, que la principauté était en pleine mutation. À l'heure où fiacres et diligences continuent d'encombrer les rues, lui tient les fonctions très modernes de camionneur.

Les Balin se sont installés dans la partie ouest de Monaco, occupée par une faune très populaire, c'est-à-dire essentiellement prolétaire. Ce quartier est traversé par la ligne de chemin de fer et il n'y a pas beaucoup à marcher pour se retrouver en France.

Monaco n'est pas encore l'espèce d'écrin pour rupins qu'il finira par devenir. Bien qu'il soit déjà un lieu de villégiature recherché par les nantis. L'endroit est placé sous la haute autorité du Prince Albert Ier – qui s'apprête à fêter ses vingt ans de règne et qui, de plus en plus, cherche à imposer son autorité. D'ailleurs, quelques jours seulement avant la naissance de Mireille, il a lancé une réforme en profondeur de la police monégasque et de l'organisation des commerces.

Sur l'ensemble du rocher, on cultive l'art de vivre et on veille à la tranquillité des habitants. Un arrêté fraîchement publié rappelle qu'il est « absolument interdit aux navires amarrés ou mouillés dans le port de faire marcher les sirènes, sifflets à vapeur ou tout autre instrument analogue, à quelque moment que ce soit du jour ou de la nuit ». Qu'on se le tienne pour dit.

Tout Monaco est en pleine mutation. Depuis l'ouverture du casino, en 1863, et la suppression des impôts personnels, fonciers et mobiliers, c'est toute une nouvelle faune qui année après année se rapproche de la principauté. Le travail n'y manque pas.

Charles-Joseph et Anita veulent ce qu'il y a de mieux pour leur fille. Ils visent une éducation de princesse. Par chance, les établissements scolaires monégasques bénéficient d'une excellente réputation. Chaque fin d'année, les concours mettant en valeur les capacités des jeunes élèves sont très prisés par la population locale.

Pourtant la petite famille, qui compte désormais trois enfants (un garçon et deux filles), doit plier bagage pour remonter plus au Nord. Charles-Joseph s'est vu proposer un poste intéressant au quotidien *La Tribune de Genève*. La douceur de vivre monégasque cède le pas à la discipline helvétique.

Mais les Balin restent peu dans ce décor un peu trop montagneux à leur goût. Un événement de dimension mondiale va décider de leur sort. Le 1er août 1914, l'Allemagne déclare la guerre à la Russie. Le 3 août, l'Allemagne déclare la guerre à la France. Le 4 août, le Royaume-Uni déclare la guerre à la France. Le 6 août, l'Autriche-Hongrie déclare la guerre à la Russie. Le 11 août, la France déclare la guerre à l'Autriche-Hongrie, etc. Bref, c'est la guerre. Charles-Joseph juge plus prudent de rentrer en France, le plus au sud possible, c'est-à-dire le plus loin de ce qui s'annonce être comme la ligne de front.

Les Balin s'installent au Cap d'Ail, commune française qui jouxte la Principauté de Monaco. La plupart des habitants y sont des ouvriers franchissant quotidiennement la symbolique frontière, car, de l'autre côté, les prix des loyers commencent déjà à flamber.

Mais Charles-Joseph n'a guère le temps de chercher un nouvel emploi. Il est mobilisé. Il retrouve son grade de sergent, acquis lors de son service militaire, et s'en va bouter les Teutons hors de France. Il a vingt-huit ans.

Peu sensible à ces vicissitudes, Mireille continue de grandir.

C'est une élève méritante, attentionnée. Elle s'intéresse à de nombreux sujets et sait se faire discrète. Son avenir semble prometteur, soutiennent ses professeurs. Si elle persévère dans cette voie elle peut aspirer à un poste de secrétaire voire de responsable de boutique. De quoi faire rêver. En secret, autour d'elle, tout le monde espère qu'elle fera un *beau mariage*, ce qui signifie non pas qu'elle épouse un bel homme, mais, au moins, un monsieur aux finances solides.

L'idéal serait qu'elle poursuive ses études à Paris. Compliqué, mais non impossible. Contacts et relations permettent d'inscrire Mireille à l'école Saint-Honoré-d'Eylau qui compte en son sein un Cours professionnel pour jeunes filles, tenu par la Communauté des Filles de la Sagesse. La jeune Balin pourra à la fois y apprendre les langues étrangères, le piano et découvrir comment se tenir en société. De quoi faire d'elle une demoiselle tout à fait comme il faut. Le tout sous l'égide d'un enseignement rigoureusement catholique.

Mireille y entre en 1917.

Pour la première fois, elle est confrontée aux rigueurs de la pension. Loin des siens, loin du soleil de Monaco, loin des bains de mer. Elle s'y plie. Elle n'a guère le choix.

Sa famille finira par la rejoindre. Non au sein de l'école, mais à Paris qui se retrouve en pleine effervescence au lendemain de l'armistice. Il y a tout à faire et, sans doute, beaucoup d'argent à gagner. Charles-Joseph se lance dans les affaires et y réussit plutôt bien.

En grandissant, le caractère de Mireille s'affirme. L'élève discrète et attentive se meut en une adolescente turbulente. Elle n'est pas à proprement parler rebelle – ses professeurs et les Filles de la Sagesse ne l'accepteraient pas – mais elle tient à marquer ses différences.

Cela commence par ses tenues vestimentaires. Alors qu'il est de bon ton de s'habiller de manière élégante, mais discrète, elle refuse tout en vrac. Elle préfère s'attifer en garçon manqué, découpe ses bas à hauteur de chaussettes, ricane quand on lui montre certaines tenues. Sur le plan scolaire aussi elle change. Autrefois appliquée, elle semble ne plus s'intéresser à rien. Les cours magistraux la rebutent. Seule la musique offre un certain attrait à ses fines oreilles.

Toutefois, Mireille sait ne jamais dépasser la

limite. Sa petite révolution est une révolution de salon, voire de boudoir. Elle manifeste son mécontentement et ses refus, mais prend soin de ne jamais risquer le renvoi. Ni corsaire ni pirate, elle se contente de monter sur le pont pour clamer son indépendance avant de rentrer dans le rang.

Interrogée sur son avenir, elle n'affiche aucune certitude. Tout juste si elle consent à dire qu'elle se voit bien en concertiste. Piano soliste dans un orchestre lui conviendrait bien.

Les années passent.

La France fait mine d'oublier les millions de morts dans les tranchées et tourne son regard vers un avenir qu'elle espère plus rose que garance. Trop avide de revivre, elle en oublie de se préoccuper de ce qui se passe outre-Rhin.

Paris se réveille, Paris s'amuse, Paris s'encanaille. Mireille n'en profite pas, mais en entend de vagues échos. On sait se distraire dans la capitale. Que ce soit au cinéma – toujours muet –, au théâtre – toujours enjoué – ou au music-hall – toujours léger. On appelle cela les *années folles*. C'est vrai que souffle un vent de folie sur la capitale, devenue *capitale des plaisirs*. Une forme d'aveuglement aussi. Les grandes vedettes du moment sont Maurice Chevalier, Mistinguett, Joséphine Baker. Les postes de radio, qui se vendent comme des petits pains un lendemain de disette, diffusent des refrains joyeux, enjoués. Et puis, si l'on veut rire, on se rend dans les salles obscures où l'inusable Charlot impose un style incroyablement moderne.

Pourtant Mireille ne s'intéresse pas à cette industrie qui tente de devenir un art. Elle ne lit pas les revues évoquant les vedettes à la mode, ne se pâme pas en admirant des photos de jeunes premiers, n'envie pas les manières de ces dames du grand écran.

Elle quitte son école et repasse sous la coupe de sa mère, qui la surveille de près. Anita veille à ce que sa fille ne manque de rien, mais refuse tout excès. Elle n'est pas du genre à lui confier un pécule pour aller faire la fête avec ses amies. Puisqu'elle a tout ce dont elle a besoin à domicile, pourquoi chercher ailleurs ? Jeune fille de bonne famille elle est, jeune fille de bonne famille elle doit rester.

Alors, voguant sur son indolence, Mireille se cherche un avenir. Elle a tout son temps, estime-t-elle.

Hélas, il est écrit que toute chose a une fin, y compris les plus belles folies. Une tempête de force mille va balayer les années folles. On craignait de la voir souffler de l'Est, elle provient de l'Ouest. Elle traverse l'océan Atlantique, portée par les alizés, certaine d'atteindre son but. Elle emporte dans ses sombres bagages le krach de Wall Street, le jeudi noir, la crise économique et la cohorte de tragédies qui en découlent... Sa puissance est telle qu'elle réussit à mettre l'Europe à genoux. Finies les joyeuses balades, il faut désormais retrousser ses manches, s'user la santé pour survivre.

Charles-Joseph Balin, qui a pourtant survécu aux tranchées, compte parmi les victimes. Ses affaires s'écroulent comme un château de cartes, l'argent fond dans les banques, les restrictions s'imposent. La ruine approche à grands pas.

Il doit réduire son train de vie et celui de sa famille. Cela signifie fermer les robinets, surveiller les dépenses, repartir quasiment à zéro. Mireille compte parmi les visées. Il n'est plus question de lui payer des cours de musique. Il n'est même plus question qu'elle reste à ne rien faire. Elle doit se trouver un métier sans tarder. Sa formation la dirige vers un emploi tout désigné : secrétaire.

## 3

## PREMIERS PAS

« On demande secrétaire. »

Ce genre d'annonce se retrouve fréquemment dans les colonnes des grands quotidiens. De nombreuses entreprises cherchent des jeunes femmes compétentes pour assurer le fonctionnement du quotidien. Mireille les parcourt avec attention. Elle a établi des critères de sélection : que la firme soit implantée dans Paris intramuros et que ses activités présentent un minimum d'intérêt. Les fabricants de boulons, les experts-comptables, les fournisseurs de l'armée sont systématiquement éliminés.

Chaque jour, elle déchiffre des textes écrits en petits caractères pour, la plupart du temps, n'en retenir aucun. L'un finit tout de même par attirer son attention. Il émane de la maison de couture Jean Patou. Cette fois, on change de catégorie. On se retrouve dans le prestige, dans l'élégance. Car Patou est l'un des rois de la haute couture parisienne. Depuis la fin de la guerre, il a imposé son style que d'aucuns considèrent comme avant-gardiste. Il a placé la femme au centre de son univers et cherche à la mettre en valeur. Grâce à des tenues superbes, tout en l'aidant dans sa quête d'indépendance. Il la rêve libre, fougueuse, indépendante, audacieuse.

Néanmoins, la presse s'intéresse moins à ces avancées qu'à ses défilés de mode, toujours prestigieux. Jusqu'à trois cents mannequins se faufilent sur la scène dans des décors grandioses face à des invités triés sur le volet. Ces événements vestimentaires s'étendent sur une bonne partie de la nuit, dans une sorte de parade somptueuse.

Mireille a déjà lu divers comptes-rendus dans les journaux. Le nom de Patou est loin de lui être inconnu. Un nom qui virevolte dans tout Paris au même titre que celui de Chanel.

Bien entendu, les bureaux de la société Jean Patou & Cie se trouvent au cœur de Paris. On imagine mal des acheteurs étrangers, ou même provinciaux, s'égarer dans la banlieue. Ils occupent un hôtel particulier non loin de la place de la Concorde, au 7 de la rue Saint-Florentin.

Mireille choisit sa plus belle robe pour se rendre dans ce palais du bon goût. Ce n'est certes pas une robe Jean Patou, mais elle a suffisamment de *chic* pour indiquer que Mlle Balin n'est pas une souillon. Elle n'oublie pas de porter des gants, éléments indispensables pour une jeune femme en société. De toute façon, Mireille déploie en toutes circonstances une élégance naturelle. Ses années de pensionnat lui ont appris à se tenir droite, à se glisser sur le sol plutôt que d'y marcher d'un pas conquérant.

Vu de l'extérieur, l'Hôtel Le Maître – nom officiel des locaux Patou – ne paye pas de mine. Un bâtiment imposant, mais encastré dans une longue colonne de constructions du même style. Il ressemble plus à un immeuble administratif qu'au bateau-phare de la haute couture française.

Tout change dès que l'on en a franchi le seuil. Raffinements, finesses, subtiles trouvailles viennent caresser le regard des visiteurs. De quoi subjuguer. Mireille l'est. À en perdre ses moyens.

Elle se présente maladroitement à une employée.

– Je viens pour le poste de secrétaire, dit-elle d'une voix chevrotante.

– Bien sûr, mademoiselle, veuillez me suivre.

Elle traverse le somptueux rez-de-chaussée pour être conduite dans une pièce en forme de boudoir. Un salon d'attente, mais qui n'a rien à voir avec celui d'un médecin. Plutôt l'alcôve d'une princesse. De quoi se sentir bien, d'avoir envie d'y passer la journée.

– Veuillez patienter, on va vous recevoir, lui précise l'employée, toujours souriante.

Mireille est étonnée. Elle s'attendait à se retrouver au milieu d'une cohorte de postulantes transportant des curriculum vitae longs comme le bras. Or, elle est seule. Elle sort de sa poche la petite annonce. « Rendez-vous entre 10 h et midi », y est-il précisé. Il est à peine 10 h 10.

Elle s'assied sur une chaise, qu'elle préfère

aux fauteuils. Une jeune femme seule ne s'installe jamais dans un fauteuil sans y être invitée, lui a-t-on appris.

Elle s'attend à être reçue par un chefaillon ou, au mieux, par Maurice Le Bolzer, chef du personnel et proche ami de Jean Patou. Car Mireille a mené sa petite enquête et a appris que les deux hommes se sont connus pendant la guerre, l'un étant l'ordonnance de l'autre. Jean Patou a servi comme capitaine dans les Dardanelles.

La porte s'ouvre. Apparaît un homme d'une impeccable élégance. Mireille n'en a jamais vu de la sorte. Son costume a été choisi avec soin pour former une harmonie sans égale. Rien d'ostentatoire mais une sorte d'élégance à l'anglaise revue à la mode française. Visage parfaitement rasé, cheveux impeccablement coupés, sourire sincère.

– Entrez, mademoiselle.

Mireille se lève et avance sans précipitation. En entrant dans la pièce, elle comprend que son hôte n'est autre que Jean Patou lui-même.

Il l'a fait asseoir et lui pose les questions d'usage.

– Mireille Balin, répond-elle. Vingt-et-un ans.

J'ai fait mes études à Saint-Honoré-d'Eylau. J'y ai appris le secrétariat.

Ses phrases sont un peu saccadées. Elle n'a toujours pas surmonté son trac.

– Avez-vous une expérience de secrétariat ? lui demande Jean Patou d'un ton distrait.

– Non pas encore.

Mireille ne connaît pas encore bien les hommes. Sinon, elle aurait remarqué que celui qui se tient devant elle, de l'autre côté du bureau, l'écoute peu, mais la regarde beaucoup. Il la déshabille littéralement du regard. Non comme un maquignon, mais comme un esthète à la recherche de l'excellence.

– Vous devriez travailler comme mannequin, lui lance-t-il avec un demi-sourire.

Mireille tombe de haut. À aucun moment elle n'a envisagé cette voie. Mais Patou ne lui laisse guère le temps de réfléchir.

– Allons voir Madeleine, annonce-t-il. Elle nous dira ce qu'elle en pense.

Madeleine n'est autre que la sœur de Jean. L'une de ses plus proches conseillères.

Ils se rendent dans son bureau tout proche où Madeleine confirme le jugement de son frère :

– Vous avez tout pour être mannequin, admet-elle. Vous devriez essayer. Nous organisons souvent des défilés pour des clients étrangers, nous ferons appel à vous.

Mlle Balin ne sait que répondre. La tête commence à lui tourner. Tout cela va trop vite.

– Rentrez chez vous et réfléchissez, lui conseille Patou. Si cela vous intéresse, appelez-nous. Nous vous inscrirons dans nos registres et ferons appel à vous dès que nécessaire. Au revoir, mademoiselle.

Mireille retrouve ses forces pour quitter l'Hôtel Le Maître, la tête dans les étoiles. D'innombrables questions se bousculent. La principale étant : que vont dire ses parents ? Elle était partie dans l'espoir de décrocher un poste de secrétaire et revient avec une proposition de mannequinat !

Or, être mannequin en ce début des années 30 n'est pas bien vu par la haute société. Ces femmes sont assimilées aux comédiennes du temps de Molière : des dépravées, des sans-mœurs. La mannequin est classée à proximité des courtisanes et des demi-mondaines. Mireille balaie vite ce problème : elle n'aura qu'à mentir. Après tout, il n'y a absolument aucun risque qu'un membre de sa famille ou de l'entourage de ses parents assiste à une présentation Jean Patou.

Ce faisant, elle a déjà répondu à une autre question, plus importante : accepte-t-elle cet emploi ? Elle aurait déjà pu dire oui face à Jean et Madeleine, mais, en jeune fille sage, a préféré peser le pour et le contre. Un *contre* qui ne fait vraiment pas le poids face à son envie de mener une nouvelle vie, de mener une *vraie* vie.

Trop grisée par les effluves de la nouveauté, elle ne se rend pas bien compte qu'elle n'a pas encore de travail. On lui a bien fait comprendre que l'on ferait *occasionnellement* appel à elle et que, donc, elle serait rémunérée à chacune de ses prestations. Car la maison Patou subit elle aussi la crise de 1929 et Jean va peu à peu délaisser la haute couture pour se consacrer au parfum, nettement plus lucratif car il peut se vendre dans le monde entier au même moment.

Mireille n'a pas de métier, mais elle a une

adresse. Que lui a confié Madeleine lors de leur courte entrevue. Il s'agit la maison Martial & Armand, située place Vendôme, toujours en quête de nouveaux mannequins. Cette firme n'a pas le prestige de Patou, mais reste très prisée de la clientèle anglo-saxonne. Son principal défaut est d'avoir un peu trop recours à la fourrure. Loutres, marmottes et ragondins sacrifient leurs vies pour l'éphémère plaisir de ces dames.

L'après-midi même de sa rencontre avec les Patou, Mireille appelle pour confirmer son intérêt. Comme promis, elle est inscrite dans les registres. Aussitôt fait, elle prend contact avec la firme Martial & Armand qui, parce qu'elle est envoyée par M. Patou, l'accueille sans hésitation.

Là, on s'occupe de sa formation. Car être mannequin ne s'improvise pas. Cela implique une certaine façon de se tenir et de marcher.

Mireille apprend vite. Elle a ce *petit quelque chose en plus* qui fait la différence. Après un bref entraînement, elle se retrouve à présenter les tenues de Martial & Armand, puis, à plusieurs reprises, celles de Patou.

« Je défilais toute la journée devant les visiteuses. Je ne mangeais pas assez, mais j'étais très gaie, racontera-t-elle. Je n'enviais pas les femmes devant lesquelles je paradais. Au contraire, avec mes camarades, nous nous moquions tellement des travers et des manies de nos clientes, nous les passions au crible avec si peu d'indulgence que maintenant, je n'assiste jamais à une présentation de collection !... Je sais trop bien ce que diraient de moi les mannequins, en se poussant du coude et en étouffant de rire, une fois revenues dans leur salon ! »[1]

Désormais, elle est dans la place. On lui conseille d'arrondir ses fins de mois en posant pour des photographes et des publicités. Ce qu'elle accepte, à condition qu'il n'y ait rien de grivois. On la voit paraître sur des cartes postales et, de plus en plus, dans des *réclames* pour des produits féminins.

Grâce à cela, elle agrandit considérablement son cercle de relations. Mireille est de plus en plus sollicitée, mais sort peu. Pour un temps, elle préfère prolonger sa vie paisible. Chaque soir, elle retourne

1. *Ciné-Mondial*, 12 septembre 1941.

dans le giron familial qui l'apaise. Elle continue d'y raconter qu'elle est secrétaire et, pour agrémenter la conversation, invente des anecdotes ou imite des clientes croisées dans la journée.

Mireille s'intéresse toujours peu aux spectacles et préfère la lecture. Elle achète beaucoup de livres qu'elle aime parcourir au calme d'un jardin parisien ou au chaud d'un bistrot de qualité.

L'argent entre de manière régulière. Elle en confie une partie à sa mère et en consacre une autre partie à l'équitation. Elle a hâte de galoper dans les allées du bois de Boulogne, souvent escortée par de distingués messieurs.

Mireille Balin s'est glissée dans une bulle.

Elle a peu conscience de la crise économique dans laquelle s'englue la France, se soucie comme d'une guigne de la politique étrangère. Elle ne s'aperçoit même pas qu'en multipliant ses activités, elle prend des risques.

Le couperet ne tarde pas à tomber.

La famille Balin est réunie presque au grand complet. Mireille s'amuse avec son frère et sa sœur qu'elle adore taquiner. Le fox-terrier familial se glisse dans leurs jeux. La maisonnée résonne de leurs rires. Soudain entre Charles-Joseph. Rien qu'à sa façon de claquer la porte et d'attaquer le sol du couloir, tout le monde devine qu'il est de fort mauvaise humeur.

Sans ôter son manteau, il se précipite dans la petite pièce qui sert de salon et claque sur la table un journal plié en trois.

– Ta fille finira dans le ruisseau ! éructe-t-il.

Anita se penche sur l'objet du délit et y découvre une publicité dans laquelle Mireille vante les mérites d'un produit féminin. Pas de quoi fouetter un chat, mais aucun doute là-dessus : Mireille est *cover girl*. C'est le terme à la mode pour désigner ces beautés qui se pavanent dans journaux et magazines dans des tenues très diverses.

Drame chez les Balin.

De zélée secrétaire chez Patou, Mireille vient de tomber dans le caniveau. Presque dans la fange. On en a répudié pour moins que ça. Les pires cauchemars s'amoncellent : catin, fille des rues, marie-salope. Le fantôme de Cosette n'est pas loin. Anita tombe en larmes.

Mireille refuse toute échappatoire et, le menton relevé, avoue.

– Oui !

Ce mot seul suffit à résumer la situation et à confirmer sa position.

Elle dévoile la vérité sur son activité de mannequin. Un métier comme un autre, affirme-t-elle, même si l'on y change plus souvent de vêtements que dans n'importe quel autre. Ses parents imaginent les regards lascifs portés sur elle par des messieurs libidineux. Elle tente de les rassurer en leur rappelant que défiler chez Patou ce n'est pas comme s'exhiber au Chabanais ni au Sphinx, deux bordels de luxe.

Surtout, Mireille met en avant sa soif de liberté. Bien sûr, elle apprécie le cocon familial, mais elle n'a aucune envie de suivre le parcours de sa mère. Elle veut vivre, respirer, voyager, rencontrer des personnalités hors norme. Elle s'imagine un destin hors du commun, ce en quoi elle ne se trompe pas.

Les explications se prolongent jusque tard dans la nuit. Charles-Joseph et Anita écoutent sans vraiment comprendre. Pour eux, Paris est devenue une ville de perdition. Ils auraient mieux fait de rester à Monaco.

À bout d'arguments, à bout d'explications, Mireille conclut :

– Si vous souhaitez que je parte, je m'en vais tout de suite.

Ses parents se regardent. Ils n'ont plus besoin de se concerter pour donner leur réponse :

– Pas question, répond le paternel. Tu es notre fille et tu resteras notre fille. Cette maison est la tienne. Tu peux y rester aussi longtemps que tu veux et, si tu préfères partir, tu seras toujours la bienvenue.

Chacun tombe dans les bras de l'autre. La tempête est passée.

Mireille annonce qu'elle souhaite, au moins pour un temps, profiter des bienfaits du giron familial.

Elle reste.

Pourtant, elle vient de franchir une étape cruciale : elle a acquis son indépendance.

# 4

# BATTRE DES MOULINS

Travailler comme mannequin – même occasionnel – chez Jean Patou revient à posséder des cartes de visite plaquées or. De nombreuses portes s'ouvrent et les sourires s'élargissent. Mireille est de plus en plus souvent conviée à des soirées de prestige où se retrouve le gratin du Tout-Paris : des artistes de renom, des hommes d'affaires fortunés, quelques aristocrates et beaucoup de riches étrangers pour qui Paris sera toujours Paris.

Elle ne passe jamais inaperçue. Les robes de M. Patou ou d'autres grands couturiers mettent sa silhouette en valeur et l'éclat de son regard fait fondre les plus récalcitrants.

À force de fréquenter le dessus du panier parisien, elle fait la connaissance de la nouvelle coqueluche sportive. Il s'agit d'un boxeur âgé de tout juste vingt ans et haut d'un mètre cinquante-cinq. Natif de la Hara, le ghetto juif de Tunis, il vient de remporter le Championnat du monde des poids mouches. Il a mis K.-O. son adversaire, Frank Genaro, après seulement cinq minutes de combat. Jamais boxeur aussi jeune n'a décroché un tel titre. Du jour au lendemain, il est devenu une idole.

Il se nomme Messaoud Hai Victor Perez, mais la presse préfère l'appeler Victor Perez avant de l'affubler du surnom de Young Perez. On le surnomme également le Petit Tunisien et on ne manque jamais de rappeler ses origines.

Sa victoire au Championnat du monde a donné des ailes à sa notoriété. Les propositions affluent de partout, à la fois pour participer à d'autres combats et pour apparaître dans diverses soirées. Paris l'accueille à bras ouverts et c'est ainsi qu'il croise Mireille Balin.

Il est subjugué par ses charmes, elle n'est pas insensible à son physique tout en muscles. Bien que plus grande et plus âgée que lui, elle s'en rapproche. Le monde de la boxe lui est étranger, elle va apprendre à le connaître.

Mireille comprend que, pour durer, Victor doit être partout. C'est-à-dire dans les journaux, les magazines et sur les panneaux publicitaires. Elle devient en quelque sorte sa conseillère en communication ; fonction qui reste encore à inventer. Elle paye de sa personne, car elle sait que le couple Perez-Balin attire les flashs des photographes.

Victor est aux anges. Amoureux jusqu'à la folie.

Mireille Balin dispose d'un don sans pareil pour tourner la tête aux hommes. Ses élans du cœur accompagnent ses élans du corps. Et vice versa. Elle ne triche jamais et donne tout sans réserve, sans jamais penser aux conséquences.

Car la voir au bras – et l'imaginer dans le lit – d'un jeune boxeur tunisien fait ricaner certains. Quel couple bizarrement assorti, estiment d'autres. Elle n'a cure ni de ces railleries ni de ces ragots. Elle aime et cela seul compte.

En remerciements, autant qu'en témoignage de sa fougue, Victor la couvre de cadeaux. Rien n'est trop beau pour sa dulcinée. Rien de grandiose, car, en dépit de ses victoires, il ne roule pas sur l'or. Le sport est loin d'être une activité lucrative quand, comme lui, on évolue chez les poids coqs.

Mireille Balin est en train de changer d'univers et, par la même occasion, de changer de vie. Elle en vient à oublier que son grand-père était camionneur et son père homme d'affaires désargenté. Ils appartiennent tous deux à un passé si proche dans le temps, mais si lointain dans son esprit.

Avec le temps, Mireille se réinventera son histoire, décrivant une mère qui, en 1911, profitait de ses vacances sur la Riviera pour « passer son temps à se faire promener en limousine le long de la corniche pour admirer la mer ». Plutôt cossu pour une repasseuse... Et de raconter une enfance dans la soie monégasque, des relations aussi flatteuses que prestigieuses. La fiction est toujours plus belle que la réalité. Éblouie par l'éclat de ces lumières factices, Mireille Balin finira par croire en ses propres mensonges...

L'union de la *cover girl* et du boxeur se poursuit.

Mais Victor se montre de plus en plus empressant.

Jusqu'à demander Mireille en mariage. Elle n'hésite pas longtemps. Son *non* est ferme et définitif. En renonçant à ce mariage, elle reprend sa liberté qui lui est si chère.

Et elle retrouve son vrai métier.

En ce mois de février 1932, les maisons de haute couture se regroupent pour donner ce qui ressemble à un baroud d'honneur : une soirée de prestige à l'Opéra de Paris où défileront les plus beaux mannequins dans leurs plus beaux atours. Car cette vitrine n'est que l'arbre qui cache la forêt. Les ventes périclitent et les acheteurs se raréfient, y compris ceux venus des autres continents. Un an auparavant, Jean Patou a soldé de manière peu discrète une partie de sa collection.

Sa nouvelle collection vise une certaine forme de sobriété. Ses robes du soir en crêpe de Chine de soie carmin n'ont rien d'excentrique. Les décolletés y sont à peine suggestifs. Les bijoux prêtés par les plus célèbres firmes – dont Van Cleef & Arpels – sont là pour ajouter un peu d'éclat.

Ces robes qui brillent en ce soir de fête n'ont d'autre fonction que de balayer les soucis. Qui aurait l'outrecuidance de parler des élections présidentielles allemandes où un petit moustachu prénommé Adolf ose se présenter face au président sortant, Paul von Hindenburg ? Qui se soucie du fait que Pierre Laval – pourtant récemment proclamé « homme de l'année » par le magazine américain *Time* – s'embourbe dans des soucis qui vont le forcer à quitter son poste de Président du conseil au profit d'André Tardieu ? Il est plus amusant d'évoquer un certain Jean Mantelet qui vient de déposer un brevet pour un presse-purée révolutionnaire qui donnera naissance à l'entreprise Moulinex. Il est, surtout, mieux vu de ne parler de rien du tout si ce n'est de frivolités.

Ce soir-là, Mireille Balin est à la fête. Tant sur scène que dans la salle. Tous les regards se tournent vers elle et les objectifs des photographes n'en finissent plus de l'immortaliser. Elle sourit, accepte les compliments, repousse les avances. Elle est sur un nuage.

À partir de cet instant s'ouvre la légende.

Une légende savamment concoctée par les journalistes et les services de presse. Propre à faire fondre les midinettes des grandes villes, à étourdir les ménagères du Cantal. Appartenant au domaine du « tout est possible ». À Hollywood, ce genre de conte des mille et une nuits repose sur une phrase-clef :

– Mademoiselle, voulez-vous faire du cinéma ?

Combien de milliers de jeunes filles américaines ont-elles rêvé d'être ainsi interpellées pour, en quelques mois, devenir les égales de Jean Harlow ou Bette Davis ?

En France, la voie royale transite par une revue très prisée, *Paris-Magazine*.

Le réalisateur Jean François Marie Chanu de Limur, plus connu sous le patronyme de Jean de Limur, le feuillette sur la terrasse d'un café niçois. Il tombe sur une photo de Mireille Balin. Subjugué, qu'il est. Il se précipite vers son ami Georg Wilhelm Pabst pour lui conseiller de l'engager sur-le-champ. Ce que le cinéaste teuton accepte avec un enthousiasme qui fait plaisir à voir.

La vérité est un peu plus complexe.

Un consortium franco-britannique de producteurs a l'originale idée de transposer une œuvre espagnole sur grand écran. Pas n'importe laquelle : *Don Quichotte* de Cervantes.

La concrétisation de ce projet relève d'une rare complexité. Pour aider à son financement, les bailleurs de fonds tentent de convaincre Charles Chaplin. Il hésite brièvement, mais préfère refuser. De l'Amérique on passe à l'Allemagne et l'on contacte Pabst, considéré comme l'un des meilleurs réalisateurs de son temps et de son pays. Son *Opéra de Quat'sous* a fortement impressionné et avec *L'Atlantide*, il a démontré qu'il pouvait filmer des fresques.

Le cinéma n'étant qu'à l'aube du parlant, la notion de doublage en est encore au stade embryonnaire. Si l'on veut toucher plusieurs pays, il faut filmer en plusieurs langues. Pabst se charge de la version allemande, John Farrow de l'anglaise et Jean de Limur de la française. Limur – qui fut l'assistant de Chaplin – n'a donc pas à demander l'autorisation à Pabst, mais à convaincre les producteurs. Ce qu'il fait facilement.

Comment a-t-il connu Mireille Balin ? Selon celle-ci, ils se sont rencontrés lors d'une soirée parisienne. Ils ont parlé un peu, sympathisé beaucoup, et Jean se souvient de son visage très photogénique au moment d'élaborer son casting.

Pour faire bonne mesure, Mireille affirmera qu'elle est en train de se prélasser sous le soleil cannois quand elle reçoit un télégramme – ou un appel téléphonique dans d'autres versions – de Jean.

Il semblerait que ledit appel l'ait en réalité touchée à Paris où Mireille continue d'exercer le métier de mannequin avec d'autant plus de difficultés que la crise galope.

Elle s'empresse d'accepter cette proposition qui lui permettra de passer le printemps sur la Côte d'Azur. Car *Don Quichotte* sera filmé dans les studios de la Victorine à Nice et dans les Alpes de Haute-Provence pour les extérieurs.

Écueil : elle n'a aucune notion de l'art dramatique.

Et alors ?

Le cinéma français n'est pas plus exigeant que ses concurrents en ce qui concerne les talents de ses interprètes. Surtout les femmes. Elles sont invitées à se pavaner devant les caméras plus en raison de leur beauté que de leur talent. De plus, Mireille a un avantage : elle sait poser et n'a plus peur de l'objectif. Que celui-ci émane d'une caméra et non plus d'un appareil photo ne devrait pas représenter un problème insurmontable. Il lui faudra, tout de même, apprendre son texte.

« Je n'ai jamais eu envie, d'une façon irrésistible, de me voir à l'écran, dira-t-elle quelques années plus tard. Sincèrement, le cinéma ne me tentait guère. Je savais combien les studios sont encombrés de femmes, toutes plus belles les unes que les autres, et qu'il était très difficile de s'y tailler une place, même modeste. »[1]

Elle prend le train qui la conduit jusqu'aux abords de la Méditerranée. Elle ne part pas seule, puisque sa mère et son chien l'accompagnent. Ce petit monde loge au Negresco de Nice, la production ne mégotant pas sur les dépenses. La présence de la future actrice est requise pour une dizaine de jours. Après cela, on la renverra dans ses foyers.

Comment se déroule un tournage en trois langues ?

1. *Ciné-Miroir*, 17 avril 1936.

C'est, en fait, assez simple. Pabst organise sa mise en scène avec les acteurs de la version allemande. Une fois que la scène est mise en boîte, la plupart des comédiens quittent le plateau et sont remplacés par leurs homologues anglais puis français. Ils jouent la même scène, dans les mêmes conditions, avec des costumes identiques, mais dans leur propre langue et sous la direction de Farrow ou de De Limur. Et ainsi de suite. Un travail long, coûteux et fastidieux. Trois équipes d'acteurs doivent être présentes autour du plateau, attendant le signal.

Dans les trois versions, le rôle de Don Quichotte est tenu par Fédor[1] Chaliapine, un monument du spectacle russe connu aussi comme chanteur d'opéra. Il possède la folie et le physique propres au chevalier à la Triste Figure et confère au personnage sa dimension idéale.

« Chaliapine, le grand chanteur à la silhouette épique, est entré dans la peau de Don Quichotte, écrira André Ténevain dans *Le Cinéopse*. Il s'est

1. Re-prénommé Féodor dans la version française.

identifié avec lui et il en a pris tout à fait l'allure. [...] Pabst, avec Chaliapine, a vraiment fait vivre le Don Quichotte de nos imaginations. »

Mireille Balin ne peut que se sentir petite face à ce monstre, mais, aidée par Jean de Limur, elle réussit à tirer son épingle du jeu.

Bien que maîtrisant parfaitement le français, Fédor joue avec un accent russe qui est, parfois, à couper au couteau.

Dans l'une de ses répliques, il doit dire :

– Ne craignez rien, mes amis, vous aurez tout ! Vous aurez des habits de foire, des chevalières d'or et des couronnes de rubis.

Or Mireille croit entendre « des couronnes de radis », ce qui paraît un peu étrange comme promesse, y compris dans la bouche de Don Quichotte. Discrètement, elle en parle à Jean de Limur.

– Ma chère, lui répond-il, il est malséant pour une nouvelle venue de critiquer le phrasé du premier rôle.

Il se renseigne néanmoins autour de lui. Tout le monde a bien entendu « rubis ». Mireille s'est trompée. L'émotion, sans doute. Mais elle a parfaitement compris où était sa place.

Elle joue la nièce de Don Quichotte. Un personnage important qui lui vaut de figurer en deuxième position dans le générique féminin.

Cette nièce apparaîtra sur l'écran dès les premières minutes. Éblouie par le soleil, elle appelle son oncle pour le prévenir que la soupe est en train de refroidir. Sa tenue – très éloignée des trouvailles de Jean Patou – est censée être celle d'une modeste villageoise, mais son maquillage soigné se rapproche un peu trop de celui d'une miss des années folles. Sa photogénie est indéniable. Plus éclatante que celle de Sidney Fox qui tient le même rôle dans la version anglaise. Mais celle-ci compense par une meilleure maîtrise de son métier.

Mlle Balin apprivoise tant et si bien la pellicule que le service de presse du film mise sur elle. Les premières photos paraissant dans la presse ne concernent pas Chaliapine, mais elle, dans sa villageoise tenue. Texte d'accompagnement : « Une toute jeune artiste, Mlle Mireille Balin, fait ses débuts dans le rôle de Maris, la nièce de

Don Quichotte, et y manifeste de fort belles qualités. »

Mireille n'a que peu de contacts avec Pabst qui s'évertue à l'appeler Mlle Beaulieu, les rares fois où il lui adresse la parole.

Comme convenu, après dix jours, elle quitte la Promenade des Anglais pour se rapprocher des Champs-Élysées. Sa première expérience de comédienne est désormais dans la boîte. Reste à savoir comment réagiront public et professionnels.

Mireille repart avec le soutien de Jean de Limur, qui reste convaincu d'avoir fait le bon choix en faisant appel à elle. Au terme de son dernier jour de tournage, il l'a félicitée par un :

– Vous avez ce que peu d'actrices possèdent : du charisme.

Cela lui ouvre de nouveaux horizons : passer du métier de mannequin à celui d'actrice. Bien d'autres l'ont fait avant elle… et encore plus d'autres le feront après elle.

Mireille n'a pas eu peur de la caméra, elle a appris consciencieusement son rôle et s'est fait remarquer sans ostentation. Le cinéma lui plaît.

Mais plaît-elle au cinéma ?

En France, *Don Quichotte* paraît sur les écrans au printemps 1933.

Dans *Les Nouvelles Littéraires*, Georges Charensol s'emballe : « On peut penser que son génie le porte plutôt vers l'étude de mœurs, vers les grandes fresques sociales, mais en présence des difficultés sans nombre que présentait un tel sujet, il [Pabst] n'a jamais reculé. Il aborde de front tous les obstacles et a su en triompher. »

Sans être un échec, cette version de *Don Quichotte* est loin d'être un énorme succès. En cette période difficile, le public préfère les comédies : *Théodore et Cie*[1], *Ademaï aviateur*[2], *Fanny*[3]... Raimu et Fernandel sont les préférés du public.

Aveuglée par la prestation de Chaliapine, la critique peine à s'intéresser aux autres rôles. Dans le meilleur des cas, Mireille Balin est qualifiée de « charmante » ou de « gracieuse ». Toutefois, dans

1. De Pierre Colombier avec Raimu et Albert Préjean.
2. De Jean Tarride avec Fernandel et Noël-Noël.
3. De Marc Allégret avec Raimu et Pierre Fresnay.

*Le Petit Parisien*[1], Jean Marquet se distingue de ses confrères en consacrant plusieurs lignes à cette nouvelle venue :

« Le film de G-W Pabst nous donne aussi la joie de la révélation d'une jeune artiste : Mlle Mireille Balin, qui est une nièce de Don Quichotte excellente ; voilà une jeune fille qui doit devenir une grande interprète de l'écran ! »

Un courant divise la critique : ceux qui reprochent à Pabst d'avoir confié un rôle d'importance à une débutante et ceux qui le félicitent d'avoir découvert une future star. La comédienne va apprendre à nager dans ce courant et à sortir la tête de l'eau.

1. Édition du 24 mars 1933.

## 5

## VERS LES BEAUX JOURS

Mireille vient à peine de quitter *Don Quichotte* que les propositions affluent.

Les professionnels s'accordent à dire qu'elle est *cinégénique*, nouveau terme à la mode pour dire qu'un regard ou une silhouette subjugue la caméra et, par conséquent, le public. La jeune femme dispose en effet de ce petit quelque chose en plus qui la différencie. Une façon de placer ses yeux mêlant une fausse candeur à une vraie volonté. Sa démarche n'a rien de maladroit grâce à son habitude des défilés et des présentations de mode où elle a appris l'art de caresser le sol. Certes, sa voix paraît un peu aiguë, mais c'est encore la mode.

Il faut être une Marlene Dietrich pour exceller dans le grave.

Mireille n'ose pas encore dire non et, étourdie par les offres, accepte les deux premières qui lui tombent dessus pratiquement coup sur coup. L'une est une pochade militaire – genre qui ne cesse de perdurer. L'autre est tirée d'une célèbre pièce d'Édouard Bourdet, *Vive la compagnie* contre *Le Sexe faible*.

Du côté de l'ami bidasse, on ne s'embarrasse pas de fioriture. Plus c'est idiot, plus ça plaît. L'histoire est celle d'un timide et lunatique astronome qui arrive au régiment où son supérieur le prend aussitôt en grippe. Cet étourdi qui répond au nom de Jean-Jacques Bonneval est interprété par un comédien de plus en plus apprécié du public, Noël-Noël. Il a déjà créé le personnage d'Ademaï, qui a beaucoup plu, et compte le reprendre pour plusieurs autres films. Pour l'heure, il obéit aux ordres de Claude Moulins, dont ce sera l'unique réalisation. Son principal partenaire est Raymond Cordy qui, lui aussi, connaît les rouages de la comédie. Le fait qu'à respectivement trente-six et trente-cinq ans, ces deux vedettes paraissent un peu âgées pour effectuer leur service militaire, n'entre pas en ligne de compte.

Dans ce décor masculin, Mireille joue une belle jeune femme qui trouble le cœur de Bonneval. Quoique encore peu habituée à la lecture des scénarios, elle se rend compte, dès les premiers jours de tournage, que celui-ci est inepte. La critique lui donnera raison.

Tel n'est pas le cas du *Sexe faible*, qui a fait ses preuves.

La pièce fut créée le 10 décembre 1929 au Théâtre de la Michodière. Le sujet en était presque révolutionnaire puisqu'une mère désargentée pousse ses fils à trouver de riches épouses afin qu'ils coulent des jours heureux à l'abri du besoin et des vicissitudes du travail.

Le triomphe est immédiat. Il sera aussi durable. *Le Sexe faible* ne cessera d'être repris dans les années et les décennies à venir et, en octobre 1957, entrera au répertoire de la Comédie Française.

Pour l'heure, le cinéma s'intéresse à cette comédie. Le producteur André Haguet souhaite la transposer à l'écran. Mais à la condition *sine qua non* que ses interprètes principaux y reprennent leurs rôles respectifs. À savoir Victor Boucher, Pierre Brasseur, Marguerite Moreno, Jeanne Cheirel et Suzanne Dantès. Moyennant finances, tous acceptent.

Concernant les autres personnages, Huguet se montre moins exigeant. Il remplace Janine Merrey – à la tête, pourtant, d'une solide carrière tant théâtrale que cinématographique – par Mireille Balin, sa cadette de sept ans. Elle hérite du personnage de Nicole. C'est, pour elle, une jolie promotion et un bond vers les sommets.

À la réalisation se trouve Robert Siodmak qui deviendra l'un des maîtres du film noir américain. Natif de Dresde, en Allemagne, il a fait ses classes de l'autre côté du Rhin. Il y a tourné une demi-douzaine de films avant de travailler en France. Après quelques allers et retours dans son pays natal, il décide de s'installer durablement dans la patrie des frères Lumière. Il voit dans *Le Sexe faible* une bonne occasion de mieux connaît-connaître les rouages du cinéma français. Mais est-il le mieux placé pour diriger des acteurs de théâtre qui connaissent la pièce par cœur ? Sans doute pas. À lui de s'arranger pour mettre le spectacle en images sans trahir l'humour et l'efficacité d'Édouard Bourdet.

Le principal défaut quand on engage des comédiens ayant triomphé sur scène est de les revoir reprendre leurs tics, leurs effets comiques. Ils jouent devant l'œil de la caméra comme devant une salle comble avec les excès que cela comporte.

Boucher, Brasseur et Moreno ne font pas dans la dentelle. Ils auraient même tendance à en rajouter. Ils savent – ou croient savoir – mieux que Siodmak ce qui marche, ce qui va faire rire. Ils ont du caractère et imposent leurs lois. En tout cas, leur jeu.

Au milieu de ce maelstrom, Mireille est désemparée. Elle a du mal à trouver sa place. Comment lutter face à ces monstres ? Elle n'a pas leur expérience. Et, de plus, n'aime pas son personnage.

« On m'a fait jouer un rôle de petite fille pleurnicheuse, ce n'est pas dans ma nature, dira-t-elle.

Le metteur en scène me disait sans cesse : « Rentre davantage la tête dans tes épaules… Personne ne croira que tu as du chagrin sans ça… » Il avait raison. Je suis, tout d'abord, d'une taille trop grande pour jouer les femmes martyres et, ensuite, ce n'est pas dans mon tempérament. »[1]

Peu encline aux effets de manche et aux harangues, elle préfère jouer façon cinéma, sans exagérer les effets.

Siodmak ne lui est d'aucune aide. Lui aussi est un peu perdu. Il se contente de placer sa caméra là où il faut pour ne rien manquer des excès de ses comédiens. Pour le reste, il les dirige peu. Il conseille à Mireille de jouer sobre, c'est-à-dire presque figée. Cela devrait contraster avec l'ambiance générale et lui permettre de tirer son épingle du jeu. Elle n'y croit guère. Elle se sent potiche, enfermée dans un personnage falot.

Chaque fois qu'elle tente d'en parler à Siodmak, il ne l'écoute pas. Pire : il lui reproche de retarder le tournage avec ses doléances. Qu'elle fasse ce

1. *Ciné-Miroir*, 17 avril 1936.

qu'on lui demande, ce sera déjà beaucoup. Mireille s'exécute, à contrecœur.

Le réalisateur a d'autant moins les coudées franches qu'Édouard Bourdet est présent en permanence sur le plateau. Il donne ses directives, mais peu au fait des exigences du septième art, ne fait que pousser les comédiens à jouer comme au théâtre.

Un reporter de *Paris-Soir* vient visiter le tournage dans les studios d'Épinay. Après avoir constaté que Victor Boucher n'est pas exempt de reproches tant sa prestation lui paraît outrancière, il se penche sur la délicate Mlle Balin : « Mireille Balin est une très belle jeune première qui a de la ressemblance avec Joan Crawford. A-t-elle son talent ? Son rôle dans ce film nous le dira. »[1]

Deux mois plus tard, ce même quotidien s'intéresse de plus près à cette Mireille, dont on parle beaucoup du fait de sa prestation dans *Don Quichotte*. Cette fois, la future vedette bénéficie d'une photo occupant une bonne partie de la page et d'un titre choc : *Le « départ » foudroyant de Mireille Balin.*

1. *Paris-Soir*, 11 août 1933.

L'article se termine ainsi : « Jeune et jolie, Mireille Balin peut faire à l'écran une très belle carrière. Le cinéma français a besoin de rénover ses cadres, de sortir des vedettes nouvelles. Espérons que la sympathique Mireille Balin justifiera largement les espoirs que son jeune talent, ses grands yeux et son sourire ravissant suscitent, en même temps que beaucoup de *sympathy-appeal*[1]. »[2]

Pour l'heure, Mireille tente de gérer une nouvelle carrière qui part un peu dans tous les sens. Sitôt sortie du *Sexe faible*, qu'elle regrette déjà, elle participe à *Adieu les beaux jours*, où elle ne fait que croiser Jean Gabin. La vedette féminine en est Brigitte Helm, très appréciée du public allemand.

Sa vie professionnelle l'accapare, sa vie privée la comble.

Le cœur de Mireille n'est plus à prendre. Il vient d'être préempté par un riche monsieur. Mlle Balin a changé de catégorie, renonçant aux poids plumes de la boxe pour un poids lourd de la finance.

1. En anglais dans le texte.
2. *Paris-Soir*, 21 octobre 1933.

De neuf ans l'aîné de la Monégasque, Raymond Patenôtre court plusieurs lièvres à la fois.

L'un est un empire de presse qu'il ne cesse d'agrandir en rachetant des journaux et des groupes aux quatre coins de France. Son cheptel compte, entre beaucoup d'autres, *La Gazette de Seine-et-Oise*, *L'Écho Républicain de l'Ouest*, *Le Petit Niçois*, *L'Express de l'Est*, *La Dépêche de Rouen*, etc. Cette mainmise sur des dizaines de titres lui confère un pouvoir d'importance et des revenus conséquents.

L'autre est la politique. Tout en restant conseiller général de Seine-et-Oise, il est devenu député de ce même département. Au moment où il fait la connaissance de Mireille, il est Sous-secrétaire d'État à l'Économie nationale, disposant d'un carnet d'adresses où se bouscule tout le fleuron de la politique et de l'économie françaises. Les gouvernements valsent, mais lui reste indéboulonnable. « M. Raymond Patenôtre reprend le sous-secrétariat à l'Économie nationale où il a déjà rendu d'éminents services et où il aura l'occasion d'affirmer à nouveau sa compétence », écrit

*Notre Temps*[1], qui n'appartient pourtant pas à son groupe.

Un homme de poids. Au visage d'ailleurs un peu gras, car affublé de deux bajoues qui ont tendance à s'alourdir. Marié de surcroît. Mais est-ce que cela compte quand on s'éprend d'une jeune et jolie maîtresse ?

Si Raymond compte beaucoup dans la vie de Mireille, lui ne compte pas. Il aime trop cette belle actrice. Et quand on aime… Il la couvre de cadeaux, ne lui refuse rien, lui offre des robes, des bijoux à foison, un appartement et, cerise sur la mer, lui propose d'explorer la Méditerranée sur son yacht.

Baptisé *Le Petit Niçois* – du nom d'un des journaux Patenôtre –, ce bateau se veut « le canot le plus rapide du monde » puisqu'il peut fendre l'eau à la vitesse de cinquante nœuds. Malheureusement, victime d'une explosion suivie d'un incendie en baie de Cannes, cette riche embarcation sera sévèrement endommagée le 18 août 1933. L'évacuation de

1. Édition du 28 novembre 1933.

la quinzaine d'invités provoquera de nombreux sarcasmes dans divers journaux. Patenôtre ne versera aucune larme, car son joyau flottant est dûment assuré[1].

Plus tard, le journal *Juvénal* reviendra sur cet incident: «Le «naufrage» ne fut pas tragique... bien au contraire, et nul accident de personne ne fut heureusement à déplorer... À telle enseigne que, quelques jours après, un cliché photographique complaisant pouvait montrer au bon peuple de France toute la cohorte des rescapés du drame dans une tenue tellement légère qu'on se fût cru en la fameuse île de Villennes[2] ou dans quelque autre paradis nudiste...»[3]

Raymond n'est pas homme à étaler sa bonne fortune, dans tous les sens du terme. Il veille à ce que sa liaison avec Mireille reste discrète, pour ne pas dire secrète. Il n'a aucun mal à museler

1. Pour un million de francs, somme colossale.

2. Dans l'entre-deux-guerres, deux frères médecins, les Durville, installèrent, sur cette île posée sur la Seine, une cité de la Nature dédiée au naturisme.

3. Édition du 11 avril 1936.

sa propre presse et fait comprendre aux autres journaux qu'il serait malséant de traiter du sujet. En tant que sous-ministre il a du pouvoir. Donc, pas une ligne dans la presse et même Mireille, bien des années plus tard, refusera de dévoiler le nom de son amant. Vain combat, car tout Paris est au courant.

Côté cœur et finances, elle n'a donc plus aucun souci à se faire. Raymond appartient à cette race d'inconscient qui croit que l'argent peut décupler l'amour. Côté carrière, elle se montre de plus en plus attentive. L'idée de rester une femme entretenue – c'est-à-dire, plus ou moins, une *poule* – ne lui est pas agréable. Puisqu'elle a désormais un pied dans le cinéma, elle tient à poursuivre sa route.

Chez Mireille Balin – et depuis ses débuts – il y a un fossé entre *l'être* et le *paraître*. Ceux qui croient qu'elle est une lascive profitant des bienfaits de son amant se heurtent systématiquement à son caractère bien trempé. Elle a de la suite dans les idées. Et des idées arrêtées.

Devenir une star, elle aimerait beaucoup. Mais elle a beau s'y consacrer corps et âme, elle reste dépendante des propositions qui lui sont faites. Or les dernières en date ne lui paraissent pas suffisantes pour la propulser au firmament. Elle en accepte néanmoins quelques-unes. Dans le but ne pas se faire oublier et aussi parce qu'à défaut d'être lancée comme une fusée, il lui faut grimper les échelons.

Son rôle dans *On a trouvé une femme nue* est d'importance. Le film l'est moins.

Un titre volontairement grivois, voire provocateur, pour une comédie classique sans scènes lestes. Il y a bien une femme nue qui erre dans la rue et auquel un généreux passant prête son pardessus, mais tout cela reste dans le domaine du correct. Le spectateur mâle devra compter sur son imagination pour compléter les bouts d'images qu'on lui propose.

Néanmoins, nue, Mireille l'est bel et bien sur le plateau de Léo Joannon.

« Les besoins de l'action ont réellement exigé que j'adopte cette tenue, expliquera-t-elle. Pas moyen d'y échapper, de truquer les scènes ; c'était à prendre ou à laisser. Ma foi, j'ai pris. Et vous pensez bien que tout le studio savait d'avance les jours où on devait tourner ces passages. Aussi les indiscrets étaient nombreux, les curieux se cachaient dans tous les coins. Mais Joannon se montra à la hauteur : il fut impitoyable et fit le désert sur le set. Ainsi, à part le froid de loup qui régnait et qui me glaçait littéralement, je n'ai rien de bien sensationnel à vous raconter. »[1]

Cette jeune femme dévêtue est la fille d'un aristocrate ruiné. Elle s'est rendue à un bal au cours duquel des étudiants éméchés se sont amusés à la déshabiller entièrement. Craignant que d'autres idées ne leur traversent l'esprit, elle s'est enfuie en courant.

Ici, Mireille a pour partenaire principal le bellâtre Jean Aquistapace qui tombera vite dans l'oubli. Elle affronte aussi l'ingérable – mais, parfois, génial – Saturnin Fabre qui l'intimide. Ce Saturnin ne peut jouer que dans l'outrance, ce que ne sait pas faire Mireille, nettement plus réservée. Elle a l'intelligence de ne pas chercher

1. *Pour Vous*, 17 mai 1934.

à rivaliser avec son aîné et vise un jeu plus naturel.

« Dans *Le Sexe faible*, *On a trouvé une femme nue*, Mireille Balin laisse espérer une magnifique carrière si on lui distribue le rôle correspondant à sa nature expressément moderne », écrit *Excelsior*[1].

Tandis que *Cinémonde*[2] note : « Cet excellent film est interprété avec grâce par Mireille Balin. »

Le seul à se montrer irrité est Raymond Patenôtre. Il tente de faire interdire *On a trouvé une femme nue* ou, à défaut, d'en racheter toutes les copies. Dans ces deux tentatives, il échoue…

Mireille est de plus en plus sous les feux des potins cinématographiques et fait partie d'un petit groupe de jeunes comédiennes sur lesquelles on peut miser : Danielle Darrieux, Simone Simon, Paulette Dubost, Rosine Deréan, Madeleine Ozeray, Janine Crispin, Raymonde Allain, Josette Day, Nane Germon… Lesquelles parviendront à franchir les obstacles menant au vedettariat ?

1. Édition du 29 juin 1934.
2. Édition du 17 mai 1934.

Peu après avoir joué dans *On a trouvé une femme nue*, Balin enchaîne avec une comédie intitulée *Si j'étais le patron*. Une date dans sa carrière puisque son nom apparaît en grand sur l'affiche. Mais en nettement moins grand que celui de Fernand Gravey, vedette de cette comédie ouvrière où un jeune prolétaire, parce que soutenu par le principal actionnaire, se retrouve patron d'une firme de construction automobile.

« Sur un thème aimable et amusant, M. Pottier a bâti un film preste et enlevé où les scènes, après un début un peu mou, s'accrochent bien, dans un bon mouvement », estime *Cinémonde*[1].

Mireille y joue la secrétaire du patron – amoureuse de l'ouvrier avant qu'il n'accède à de hautes fonctions – et s'affirmera ravie de ce rôle :

« Un film dont je garde le meilleur souvenir, car, pour la première fois, j'y ai interprété un rôle de jeune fille moderne me permettant d'être enfin à l'écran ce que je suis à la ville. Le metteur en scène Richard Pottier et le directeur de production, Oscar

1. Édition du 1er novembre 1934.

Dancigers, ont voulu sortir des sentiers battus. Faire quelque chose de jeune, d'alerte et de vivant, tel semblait être leur but. Et ils y ont réussi. Jusqu'à *Si j'étais le patron*, je désespérais un peu, à dire vrai, d'arriver à trouver un jour un rôle qui m'aille parfaitement, car je déteste tout ce qui est faux et banal. Et maintenant, j'ai repris confiance, et j'ai foi dans l'avenir. »[1]

Victoire supplémentaire, *Cinémonde*[2] lui consacre une page entière sous le titre *Un nouveau visage sur l'écran*. Odile Cambier est sous le charme : « Or, voici qu'elle entre, un skye-terrier sur les talons. Robe noire tissée d'or. Aux poignets, des bracelets admirables. Mais Dieu a fait encore mieux les choses que le joaillier, en la coiffant de ce blond vénitien qui fut si cher aux peintres italiens de la Renaissance. »

L'actrice dévoile ses souhaits : « Je voudrais jouer uniquement des personnages de jeunes filles modernes, et éviter pendant quelques années ceux

1. *Paris-Soir* du 26 décembre 1934.
2. Édition du 13 décembre 1934.

de vamp. Je trouve que je suis beaucoup trop jeune pour faire la femme fatale, en dépit d'un physique approprié à ce type. »

Vœu pieux qui ne sera pas entendu par les producteurs.

Déjà, Mireille glose sur la vanité du luxe, qui sera un de ses sujets favoris. Elle s'y montre, sans doute, sincère : « Je suis terriblement sentimentale et sauvage, au fond… Ce qui doit arriver arrive, mais je n'ai pas conscience qu'il puisse m'arriver, à moi, une catastrophe. C'est peut-être de la puérilité… »

Peut-être…

Dans la foulée, *Le Monde illustré* enchaîne avec, à son tour, une pleine page : *Mireille Balin, jeune vedette*. Le journaliste M. Verhylle narre son émoi : « Je me trouvais pour la première fois en présence de Mireille Balin. Je fus surpris de la trouver aussi ressemblante à l'image que nous en donne l'écran. Jeune, très jeune, elle m'apparaissait dans une délicieuse robe sombre ; les cheveux, gentiment rejetés en arrière, découvraient un visage d'une très grande pureté de traits. Ses yeux ont une expression indéfinissable, rieurs, rêveurs, ils semblent se perdre dans l'infini. »[1]

Pour Mireille, l'année 1934 se termine bien. Sa filmographie compte déjà une demi-douzaine de films et, en deux ans, elle est parvenue à accéder non pas en haut, mais au moins en bonne place sur l'affiche.

Satisfaite, elle quitte momentanément son appartement proche du bois de Boulogne pour aller passer les fêtes de fin d'année dans sa principauté natale, à Monaco. Ensuite, elle part au Maroc en convalescence. Car elle souffre, déjà, de problèmes de santé. Une récente bronchite a mis à jour des problèmes cardiaques. Son voyage nord-africain débute mal, car elle est malade pendant les soixante-douze heures que dure la traversée à bord du Koutoubia jusqu'à Tanger. L'attention dont Raymond Patenôtre l'entoure ne suffit pas à la rassurer. Heureusement pour elle, le décor chasse ses dernières douleurs :

« On fait tant de tapage autour de l'Égypte et des

1. Édition du 29 décembre 1934.

Pyramides, remarque-t-elle. Le Sud marocain est cent fois plus beau, tellement verdoyant. À côté de ces trois cônes de pierre[1] et de ce désert pelé… Et puis, surtout, j'ai pu vivre pendant trois semaines de vie réelle, pieds nus dans des sandales, tête nue, me balader au hasard, être au soleil ! J'aimais beaucoup la Côte d'Azur ; maintenant, elle va me paraître fade et terne. Je n'avais jamais vu d'aussi beaux couchers de soleil de ma vie. »[2]

1. Ainsi évoque-t-elle les pyramides !

2. *Cinémonde*, 11 avril 1935. Dans un autre numéro de *Cinémonde* (en date du 16 mai 1935), Mireille racontera par le menu son voyage au Maroc. Elle y aura une façon – très dans l'air du temps – de faire parler les Marocains : « Jouli Madame, ti veux un collier ? »…

# 6

# EN PLEIN DRAMES

Mireille apprécie le calme de son appartement du 47 rue Spontini dont le cœur est un petit salon éclairé de fleurs et de tableaux. Cette rue, longue de six cent cinquante-cinq mètres, semble protégée des bruits de la ville. Les passants y sont inexistants et les voitures plutôt rares. Son immeuble forme l'angle avec la rue de Longchamp. Tout le périmètre est occupé par des bourgeois cossus, des diplomates étrangers et quelques artistes. Point d'échoppes bruyantes ni de boutiques colorées. On habite ici pour profiter de la quiétude. Et de la proximité du bois de Boulogne qui offre fraîcheur et réconfort. Mireille n'a que quelques dizaines de mètres à franchir pour profiter des bienfaits de Dame Nature et moins d'un kilomètre pour admirer le lac.

Ce bois, elle s'y rend presque tous les matins. Non pour baguenauder et y laisser errer ses rêveries de promeneuse solitaire, mais pour faire du cheval. Car cette passion ne l'a jamais quittée. Mireille continue d'avoir ce besoin viscéral d'un contact avec les équidés. Elle s'efforce de leur consacrer au minimum une heure quotidienne. Le plus tôt possible. Presque au tomber du lit.

Elle enchaîne ensuite avec un peu de culture physique pour apprendre à sa silhouette à résister aux outrages des ans.

Si sa journée n'est pas trop occupée, elle trouve le temps de jouer du piano. Privilégiant le classique au détriment des compositeurs modernes et du jazz, qui reste encore à découvrir pour une grande partie de la France.

L'auteur[1] Doringe dresse un portrait de celle que toute la France apprend à mieux connaître :

« Caractère très calme : nerveuse, mais renfermée ;

1. Et, surtout, traducteur.

tout se passe à l'intérieur. Plutôt mélancolique. Aucun sport, ou, plus exactement, fait un peu de tout sans en pratiquer aucun. Plutôt paresseuse, ou, plus exactement, nonchalante, comme ceux qui ont beaucoup de soleil dans le sang et, comme eux, pas gourmande. Adore sa tranquillité, et la tranquillité en général. Ennemie du bruit, des cris, du vain déplacement d'air. Mais aime les vrais déplacements, les beaux voyages. Part, chaque fois qu'elle le peut, à la recherche du soleil : a vu l'Égypte, la Palestine, l'Asie Mineure, la Grèce, le Maroc, les Baléares, l'Espagne, le Portugal, et espère du fond du cœur que ce n'est pas fini. Ce qui ne l'empêche d'ailleurs aucunement d'aimer son intérieur, dont elle s'occupe avec compétence et avec goût, où elle passe de longues heures heureuses à lire. […] Aime aussi l'auto et les chiens. Elle possède trois skye-terriers (Monsieur, Madame et Bébé), qu'elle emmène toujours dans sa voiture. Il arrive qu'on leur adjoigne deux camarades… et cela fait cinq toutous qui s'entendent fort bien entre eux. »[1]

1. *Pour Vous*, 31octobre 1935.

Dans ce coquet appartement, Mireille est épaulée par une femme de chambre qui s'occupe de toute l'intendance et gère les tracas du quotidien. Aucun homme dans les parages. Car l'actrice a rompu avec son politicien d'amant. Officiellement, Raymond Patenôtre l'a quittée parce qu'il apprécie de moins en moins l'univers du cinéma. Avoir pour maîtresse une mannequin, passe encore, mais une actrice qui se montre (presque) nue sur grand écran cela commence à faire trop pour son image de marque ! D'autres hommes politiques n'ont pas ses pudeurs… Officieusement, Mireille s'est lassée de ce monsieur certes charmant, mais atteint par la fâcheuse manie de se mêler de ce qui ne le regarde pas, en l'occurrence empiéter sur sa vie de femme.

« Il avait mis une condition essentielle à notre mariage, affirmera-t-elle : celle que j'abandonne mon métier. Alors, nous nous sommes quittés, le cœur déchiré. Je ne l'ai jamais revu. »[1]

1. *France-Dimanche*, 21 juillet 1960. Raymond ne se remariera qu'en 1945.

Raymond est parti, lui laissant cet appartement en souvenir de leurs tendres moments. Le reste, les bijoux et autres babioles, elle s'en est débarrassée.

*Ipso facto*, son train de vie va changer. Mais qu'importe ?

« On s'habitue à tout, au luxe, à l'argent au succès, notera-t-elle. Ce qu'il ne faut pas, c'est oublier les heures pénibles, ceux qui n'ont pas réussi, perdre la notion réelle des choses, le sentiment des valeurs... Devenir un être égoïste et fermé aux échos de la vie... Les signes extérieurs de richesse ce sont des bienfaits dont il faut profiter sans imaginer qu'ils sont dûs... Cela peut ne pas durer ; son vrai bonheur on le porte en soi. »[1]

Cette liberté retrouvée tombe à pic. Car Mireille a encore et toujours sa carrière à gérer. Désormais considérée comme une *vedette*, elle doit se montrer de plus en plus vigilante sur ses choix. Tâche peu aisée, car scénaristes, réalisateurs et producteurs savent enjoliver les choses pour la convaincre de travailler avec eux.

1. *Cinémonde*, 28 juillet 1938.

Édouard Bourdet se mêle à ce jeu. L'auteur du *Sexe faible* a apprécié sa prestance devant la caméra et ne cesse de lui affirmer qu'elle brillera sur les planches. Il lui prédit une carrière à la Gaby Morlay, ce qui n'est pas peu dire. Propos qui troublent Mireille, car elle place Gaby en tête de ses actrices favorites.

Mais l'idée de monter sur scène pour déclamer un texte – et non plus y présenter des robes – l'inquiète. Jouer face à un public ? Il va falloir apprendre à l'apprivoiser, le mater. Jouer tous les soirs ? Il va falloir vaincre la routine, renouveler quotidiennement son courage, réactiver son talent.

Non, Mireille hésite. Mais Bourdet parvient à la convaincre. Homme de mots, il trouve ceux qui la touchent au cœur et réussit à l'entraîner dans une audition. Il choisit lui-même le texte : un extrait d'*On ne badine pas avec l'amour*. Il est convaincu que Mireille est faite pour la comédie, ce en quoi il se trompe. Et qui mieux que Musset peut mettre en valeur l'émoi d'une jeune femme de vingt-cinq ans ?

On va voir ce que l'on va voir.

C'est tout vu ! C'est même vite vu.

À peine montée sur scène, Mireille se montre gauche, mal à l'aise. Ses bras l'encombrent, sa voix ânonne un texte qui en perd tout son charme. Une totale catastrophe. Il ne faut pas trop s'en étonner. Quelque temps auparavant, elle avait prévenu :

« Je suis trop timide pour paraître devant toute une salle. Le public m'impressionne. Je ne tremble pas devant une caméra, bien au contraire. J'oublie très aisément que je *tourne*, ce qui n'est pas possible au théâtre. Et puis, au théâtre, on peut avoir des défaillances et le public ne vous les pardonne pas. Enfin, je ne pourrai jamais me résoudre à jouer une pièce tous les soirs pendant des mois et des mois. Cela doit être terriblement déprimant et ennuyeux. »[1]

Bourdet n'insiste pas. Il renonce à faire de Mireille Balin une étoile du théâtre et s'en ira bientôt tenir les rênes de la Comédie Française où il devra apprendre à *driver* d'autres actrices.

L'héroïne d'*On a trouvé une femme nue* ne

1. *Pour Vous*, 2 novembre 1933.

lui en tient pas rigueur. Elle continue de tracer sa voie – loin des planches – tout en évitant les écueils.

Elle sait que, pour réussir dans ce métier, il lui faut des contacts. Elle en a. Mais en nombre insuffisant. Autour d'elle, on la pousse à sortir, à se montrer, à parler avec des gens d'importance. Elle n'en a guère envie.

Bien sûr, il lui arrive d'accepter des invitations pour de grandes premières du théâtre ou du cinéma où elle côtoie le Tout Paris, d'assister à des soirées de gala, d'être présente à certains défilés de mode, mais elle préfère les éviter autant que faire se peut.

« J'ai horreur du monde, de la foule, des galas, de tout ce qui est exhibitionnisme, affirme-t-elle. Le fait de posséder bijoux, appartement, voiture, ne m'a rien enlevé ou apporté de vraiment profond. Je suis fataliste dans le sens optimiste du mot. »[1]

Quitte à se changer les idées, elle préfère voyager. Pas seulement dans le sud de la France, mais aussi

1. *Cinémonde*, 13 décembre 1934.

en Italie, en Espagne et dans toute l'Afrique du Nord.

Pour poursuivre sa carrière, elle quitte la comédie pour le drame. Elle accepte *Marie des angoisses* – d'après un roman de Marcel Prevost (de l'Académie Française) – non en raison de la personnalité de son réalisateur – Michel Bernheim, qui n'a tourné qu'un seul film – mais parce qu'il s'agit d'un grand rôle féminin à égalité avec celui tenu par Françoise Rosay. La distribution ne manque pas de panache puisque sont présents Henri Rollan (de la Comédie-Française), Pierre Dux (de la Comédie-Française), Jean Marchat (ex de la Comédie-Française). Plus Samson Fainsilber (qui ne fait pas partie de la glorieuse maison de Molière).

L'histoire débute par un beau mariage dans un beau château. Au cours de cette cérémonie sont unis le riche héritier Jean de Quersac à la belle, mais pas si fragile Marie. Très vite, celle-ci est abandonnée par ce mari léger et coureur dont toutes les fredaines sont adoubées par sa mère, la comtesse de Quersac, qui l'encourage même à courir la gueuse. Belle-mère et épouse en viennent à se détester. Marie jette son dévolu sur un écuyer. Jean meurt au cours d'un trouble accident. Marie, devenue celle par qui le scandale arrive, préfère quitter cette vie de douleurs pour entrer au couvent. Où elle devient sœur Marie-des-Angoisses…

«Je me passionne pour mon rôle ! annonce Mireille avant le tournage. Il possède de la personnalité, du piquant, de l'originalité. Marie-des-Angoisses est volontaire, énergique, pitoyable, humaine… Enfin tout ce dont peut rêver une comédienne adorant le cinéma, ce qui est mon cas… Pour la première fois, je jouerai un personnage dramatique et j'aurai le plaisir de chanter une *habanera* due au talentueux compositeur, Jane Bos[1]. Je ne suis pas faite pour les rôles comiques dont on m'a gratifiée jusqu'ici. Maintenant, je n'accepterai plus que des créations me plaisant complètement, humaines avant tout, quels que soient les

1. Il s'agit d'une femme qui a écrit plusieurs musiques de films ainsi que des chansons, notamment pour Charles Trénet [le terme *compositrice* n'existe pas encore !]

sentiments extériorisés. C'est une erreur de se limiter dans un genre gai ou triste. »[1]

Ce drame est bien dans l'air du temps de ces années 30. Il oppose des personnalités inhabituelles et, pour une fois, met en valeur le rôle des femmes, qu'elles soient mère ou épouse.

La critique ne manque pas de relever la prestation de Mireille. *La Revue des vivants* note : « Mireille Balin, relativement nouvelle à l'écran, a trouvé son meilleur rôle. Elle a fait une création qui la situe parmi les deux ou trois plus intéressantes interprètes du cinéma français. Ange ou démon ? On ne sait. On se demande si elle a aimé son mari taré, si elle a aimé son ardent écuyer. »[2]

Mireille soutient ce film, espérant qu'il marquera un tournant dans sa carrière. Elle fait même le déplacement à Alger pour le présenter au public et aux journalistes locaux. « Ce fut là, pour nous, une nouvelle occasion d'apprécier la grâce et la simplicité d'une de nos plus jeunes et de nos plus talentueuses interprètes, dont le seul sourire eut tôt

1. *Paris-Soir*, 2 mai 1935.
2. Édition d'août 1935.

fait de conquérir le public si difficile de la grande ville blanche »[1], note un reporter.

Plus radicale, la revue *Regards* s'affirme convaincue que – la morale du film étant sauve – ce produit a été commandité par une officine catholique : « Tout cela est vieux, pâle, plat, quelconque. Ce qui est à retenir c'est que les catholiques veulent utiliser le cinéma pour une propagande religieuse et morale. »[2]

*Marie des angoisses* est jugée digne de représenter la France à la Mostra de Venise de 1935. Il en repartira sans aucun prix, mais cette sélection suffit à lui conférer un gage de qualité. Même si tout le monde feint d'oublier que l'Italie est désormais fasciste.

Mireille s'accorde une nouvelle pause avant sa prochaine prestation. Un parasite intestinal s'est logé en elle, provoquant une amibiase. Sans traitement approprié, cela peut vite dégénérer et provoquer la mort. Sous surveillance médicale

1. *L'Afrique du Nord illustré*, 11 avril 1936.
2. Édition du 1er août 1935.

stricte, elle parvient à se rétablir, mais sa santé sera désormais toujours chancelante.

Elle retourne sur les *sunlights* à l'occasion du *Roman d'un Spahi* qui a au moins le mérite de l'aventure. Le propos est tiré d'un roman de Pierre Loti, ce qui est de bon augure. Michel Bernheim – avec qui Mireille s'entend bien – est à nouveau derrière la caméra.

Le héros en est Georges Rigaud, de son vrai nom Pedro Jorge Rigato Delissetche puisqu'il est né à Buenos Aires. À défaut d'avoir du caractère, il a du charme, ce qui est déjà beaucoup.

« Le personnage de Cora n'est pas précisément sympathique, mais Mireille Balin est si jolie qu'on subit son charme », écrira *Cinémonde*[1].

Plus intéressantes sont *Jeunes filles de Paris* dans lesquelles Mireille se précipite dès le dernier tour de manivelle du film de Bernheim. Cette production bénéficie de la présence de Michel Simon qui y tient deux rôles : celui du baron banquier de Beaupoil et celui de son frère clochard, surnommé Milord.

1. Édition du 28 mai 1936.

De plus, les dialogues sont d'Henri Jeanson, qui n'a pas son pareil pour trousser des répliques.

Dans ce contexte, Mireille devient Gine, une jeune fille qui se lance à la conquête de Paris. Ce faisant, elle abandonne son sculpteur de mari pour mieux se consacrer au banquier de Beaupoil ou, plus exactement, à son compte en banque.

Le ton est un peu trop léger au goût de la Centrale Catholique du cinéma qui fustige cette production en ces termes : « Adultère, femme qui abandonne son mari pour se faire entretenir, séduction d'une jeune fille, traite des Blanches, envie de certaines classes contre d'autres. » Rien de tel pour attirer les foules.

# 7

# MOKO

Jean Gabin compte parmi les acteurs les plus populaires du moment. Depuis qu'il a quitté le music-hall, il y a sept ans, il ne cesse de grimper les échelons de la gloire cinématographique. *La Bandera* de Julien Duvivier, où il joue un soldat de la Légion Étrangère, l'a révélé au public, même si le récent échec de *La Belle Équipe*[1] l'a forcé à revoir son plan de travail.

Après avoir joué *Les Bas-fonds* de Jean Renoir[2], Jean est en quête d'une œuvre forte qui l'imposera

1. Du même Duvivier.
2. D'après la pièce de Maxim Gorki.

auprès du public. En osmose avec Duvivier, ils tournent leurs regards vers les États-Unis et, en particulier, du côté des films noirs. Il existe peu de productions françaises équivalant à *Scarface*[1] avec Paul Muni. Certes, *Justin de Marseille*[2] put passer pour une réponse, mais son côté trop méridional et ses pointes d'humour l'empêchèrent d'accéder au statut de grande œuvre.

Gabin conseille à Duvivier de se rapprocher d'Henri La Barthe[3]. Cet ancien journaliste, ex-détective[4], a écrit plusieurs romans policiers qui se distinguent par leur véracité. Dont l'un qui porte pour titre *Pépé le Moko*[5] et qui a le mérite de se dérouler dans la casbah d'Alger. Exotisme garanti.

1. Le premier grand film de gangsters, réalisé par Howard Hawks.

2. De Maurice Tourneur avec Antonin Bréval.

3. Qui signera le scénario sous le nom d'Ashelbé, ses initiales.

4. Il créa d'ailleurs la revue *Détective*.

5. *Moko* n'est pas un mot d'argot, mais un dérivé du provençal. Il désigne un matelot de la Marine Nationale basé à Toulon et évoluant essentiellement en Méditerranée. Craignant que le public ne comprenne pas ce terme, la production envisage un moment de sortir le film sous le titre *Les Nuits blanches*.

« Lorsque j'ai lu *Pépé le Moko*, racontera Jean, je me suis promis de faire l'impossible pour tourner un jour ce film sous la direction de Julien Duvivier. J'étais absolument emballé par ce sujet et Julien Duvivier partageait mon enthousiasme. Mais tous les producteurs à qui nous allâmes proposer ce scénario nous tinrent à peu près ce langage : « Oui. Peut-être, un jour... » L'expérience m'a appris que, dans notre métier, il ne faut jamais désespérer et que tant qu'il y a des studios il y a de l'espoir ! »[1]

Henri Jeanson se charge de l'adaptation et des dialogues.

Une fois le financement trouvé, le film se construit rapidement. Gabin hérite du rôle principal, un voyou en fuite qui trouve refuge dans la casbah. Il est entouré de seconds rôles solides de la trempe de Saturnin Fabre, Marcel Dalio et Fernand Charpin.

Les personnages féminins restent à pourvoir. Dont celui d'une belle Parisienne qui dénote dans le sombre décor de cette casbah. Vivant de ses

1. *Le Figaro*, 29 janvier 1937.

charmes et richement entretenue, elle fait tourner la tête à Pépé, qui aimerait tant revoir Paris.

Il faut trouver une comédienne évoquant le chic parisien tout en affichant un air un peu canaille. Mireille Balin paraît la candidate idéale. En réalité, Duvivier l'avait déjà contactée au moment de *La Bandera*. Mais la comédienne avait décliné l'offre pour raison de santé. Elle fut remplacée par Annabella. Cette fois, elle accepte avec enthousiasme. À la fois à l'idée de jouer enfin face à Gabin et à l'idée d'errer dans les rues d'Alger la blanche. Elle déchantera vite quand elle apprendra que la quasi-totalité du film se tournera au studio de Joinville-le-Pont[1].

Pour se préparer à jouer la troublante Gaby, Mireille est invitée à rencontrer son prochain compagnon de jeu.

«À ce moment, racontera-t-elle, Jean était déjà connu, mais je ne l'avais encore jamais rencontré. Tourner avec lui aurait dû m'enthousiasmer. Malheureusement, j'étais plutôt effrayée.

1. Seules quelques scènes d'extérieur sont filmées à Alger.

On m'avait maintes fois décrit mon futur partenaire comme un homme bourru, irascible et ne s'embarrassant pas de courtoisie excessive envers ses camarades de travail. »[1]

Les producteurs Robert et Raymond Hakim organisent un dîner dans un restaurant du quartier de la Villette. Les deux acteurs sont censés parler cinéma et *Moko*. Mais, rapidement, ils évoquent d'autres sujets, semblant oublier la présence des Hakim.

Avec ses trente-deux ans, sa gouaille inimitable, ses yeux bleus et son sourire, Jean est un bel homme. Et un séducteur auquel bien peu de femmes résistent. Mireille ne compte pas lui résister bien longtemps... Elle est subjuguée par cet acteur au talent sûr et à la voix de velours. Jean ne lui dit pas « T'as de beaux yeux, tu sais »[2] mais sait trouver les mots. Dès la fin du repas, ils se promettent de se revoir. De manière plus intime.

1. *Ici Paris*, 18 mars 1964.

2. Cette réplique ne résonnera que deux ans plus tard, dans *Quai des brumes*.

Mais Jean est marié. À Doriane[1], qui le surveille de près. Il propose à Mireille de la retrouver dans un hôtel discret de Neuilly qui devient vite le havre de leurs amours. Le secret est bien gardé et seuls quelques rares proches sont tenus dans la confidence.

C'est donc le cœur à la fois léger et amoureux que Mireille entame le tournage de *Pépé le Moko*. Elle se retrouve plongée dans un univers masculin cher à Gabin. Car il semble connaître tout le monde, des techniciens aux seconds rôles, et paraît à l'aise avec chacun.

Néanmoins, Mireille se dira, une fois de plus, insatisfaite de son personnage :

« Je ne veux pas jouer les vamps. Je n'aime pas ces rôles-là parce que je n'ai rien d'une femme fatale. J'aime la vie simple, rangée, j'ai toujours eu horreur des complications… Mais je n'aime pas non plus les rôles de femmes malheureuses, victimes de toutes les calamités possibles qui leur tombent sur le dos les unes après les autres avec

1. De son vrai nom Jeanne Mauchin.

une régularité d'horloge. J'aimerais interpréter des rôles de femmes qui se défendent, qui ne se laissent pas accabler. »[1]

Julien Duvivier a l'habileté et la force d'obtenir ce qu'il veut de ses comédiens. Il crée le climat idéal à un film noir à la française et construit avec Gabin un personnage de voyou aux antipodes de ce qu'il est dans la vraie vie. Mireille suit ses directives avec ferveur, consciente malgré tout d'avoir un vrai rôle à défendre.

*Pépé le Moko* sort en janvier 1937, précédé par une flatteuse réputation critique.

« Jean Gabin se classe, avec le rôle de Pépé le Moko, parmi les grands artistes de ce temps. Il est puissant, sobre et juste. Mireille Balin est prenante de charme et de grâce jeune. » *Les Spectacles d'Alger.*

« Et puis, il y a Jean Gabin, plus simple, plus émouvant, plus maître de son talent qu'il ne le fut jamais ; Mireille Balin, pour laquelle je conçois très bien qu'on aille se faire tuer. » *La Revue de l'écran.*

1. *Ciné-Miroir*, 26 mars 1937.

« Julien Duvivier vient de nous prouver, une fois de plus, un talent à l'égal des plus célèbres cinéastes d'Hollywood. » *Le Monde Illustré.*

Ne reste plus qu'à attendre la réaction du public.

C'est un triomphe. Les salles de cinéma affichent complet. Les spectateurs n'ont d'yeux que pour Mireille Balin et les spectatrices pour Jean Gabin. L'histoire est aussi prenante qu'une tragédie grecque transposée dans les milieux interlopes d'Alger. Le succès devient international et, déjà, Hollywood envisage d'en faire un remake[1].

Mireille a décroché ses galons de *grande vedette*. Partout, on ne parle que d'elle, partout on publie des photos d'elle et de son regard envoûtant. Les propositions affluent. Son impresario, Mireille Seigner-Trives, avec laquelle elle s'entend bien, est chargée de faire le tri. Il n'y a pas une minute à perdre. Il faut battre le fer quand il est chaud.

1. Il naîtra en 1938 sous le titre *Casbah*. Le producteur Walter Wanger tentera alors de racheter toutes les copies de *Pépé le Moko*… pour les détruire ! Sans y parvenir, heureusement.

Mireille porte son choix sur une des filles du père Goriot parce que le tournage doit avoir lieu à Rome. Mais cette nouvelle adaptation du roman de Balzac est abandonnée. L'actrice y voit comme un signe. Elle se sent, soudainement, moins pressée de revenir au cinéma. Au contraire de Gabin, qui tourne deux films coup sur coup : *La Grande Illusion* et *Le Messager*.

Mireille aimerait tant retravailler avec le nouvel homme de sa vie. Cela leur permettrait de passer plus de temps ensemble.

Son vœu est exaucé grâce à *Gueule d'amour* de Jean Grémillon.

À nouveau, c'est Gabin qui en a l'idée après avoir lu un roman d'André Beucler. Il en parle à plusieurs producteurs qui estiment que le sujet manque d'intérêt. Surgit alors Raoul Ploquin, ancien journaliste, qui trouve un financement en association avec l'Allemagne. Jean Grémillon se charge de la mise en scène.

Le tournage débute au parc des Buttes-Chaumont aux premiers jours de juin 1937, au moment où la mort de la star américaine Jean Harlow crée une onde de choc. « Célèbre à 20 ans. Morte à 26 ans », souligne la presse. Faut-il y voir un présage ? Mireille s'en soucie peu.

Les prises de vue se poursuivent en grande partie à Berlin, où Jean et Mireille cherchent moins à cacher leur idylle. Tous les comédiens français logent dans un étrange bâtiment qui semble sorti d'un délire wagnérien. Des couloirs à n'en plus finir, un mobilier sans âge, des employés trop zélés pour être honnêtes. Une sorte de voyage dans le temps qui éloigne les pensionnaires de la réalité berlinoise. Car les autorités empêchent tout contact avec la population locale. L'Allemagne nazie est – pour un temps encore – une Allemagne qui se cache.

De retour dans une France encore joyeuse, les dernières images filmées ont pour décor les rues d'Orange.

Pour devenir cette *gueule d'amour*, Jean abandonne les gangsters pour se glisser dans l'uniforme d'un sous-officier des spahis qui, de retour à la vie civile, retrouve son métier de typographe. Emploi qui fait sourire Mireille, car il lui rappelle celui tenu autrefois par son père.

De son côté, elle renoue avec un rôle de belle ensorceleuse. Elle trouble le beau militaire, mais lui résiste au point qu'il en tombe fou amoureux. Cette Madeleine joue au chat et à la souris avec ce Lucien. Plus elle semble s'éloigner, plus il en est épris. Pourtant tout les sépare, à commencer par leurs manières de vivre. Elle est habituée à un train de vie luxueux, il ne peut lui promettre qu'une existence sans éclat. Car, le voyant privé de son bel uniforme, elle constate qu'il a perdu son prestige et son panache. Cette femme va lui être fatale…

Jean Grémillon appuie sur le côté dramatique et s'efforce de sortir les personnages principaux de l'imagerie d'Épinal. Il transforme le beau militaire en un homme brisé, forçant Gabin à dévoiler une partie méconnue de son talent. Avec Mireille, il montre que derrière la vamp comblée se terre une femme en proie aux doutes, placée devant un choix qui la déchire : l'argent ou l'amour.

« *Gueule d'amour* a donné à Mireille Balin l'occasion de nous faire admirer son beau visage pur, et aussi de réhabiliter un jeu souvent décrié, écrira *Ciné France*. Elle est ici fine, intuitive, naturelle. »

« Madeleine, c'est Mireille Balin. Cette artiste a fait des progrès considérables depuis *Don Quichotte*, notera *Excelsior*. Personne ne reconnaîtrait en elle l'héroïne rondelette et ingénue du film de Pabst. Elle est devenue longue, blonde – miracle des studios… et du régime ! Elle « vampirise » avec bonheur, grâce à ceux qui la dirigent; et *Pépé le Moko* nous l'avait déjà révélée sous un jour absolument nouveau. »

Pour *Cinémonde* : « Mireille Balin qui dit juste, rit juste, crie juste, a fait d'étonnants progrès. »

Et *L'Œuvre* de prédire : « Mireille Balin et René Lefèvre jouent magnifiquement au côté de Jean Gabin ce film appelé à un gros succès, fort bien mis en scène par Jean Grémillon. »

Mireille reste au sommet. Où quelques rares actrices s'y regardent en chiennes de faïence. Autour d'elle la concurrence porte pour noms Annabella, Danielle Darrieux, Josette Day, Edwige Feuillère et Viviane Romance. Ce petit groupe représente les valeurs sûres du cinéma français. Des postes très convoités.

Mais derrière les personnages de fiction se cachent les protagonistes du quotidien. L'idylle entre Jean et Mireille s'éteint comme une chandelle. À la fin du tournage, ils conviennent de se séparer. Sans haine ni heurt. Gabin en a assez de se cacher pour vivre cette aventure, Mireille préférerait un homme plus présent. Ils s'éloignent l'un de l'autre et devinent déjà – sans même se l'avouer – qu'ils ne travailleront plus jamais ensemble.

Mireille Balin est une amoureuse. Du genre à s'enflammer au premier regard. Ses élans du cœur occupent une place chaque jour plus grande. Elle n'en oublie jamais sa carrière, mais préfère laisser sa vie (très) privée s'épanouir jusqu'à prendre le dessus. À elle de faire en sorte que parcours sentimental et professionnel ne s'éloignent jamais trop. Autant elle peut prévoir quel sera son prochain film ; autant elle n'a aucune idée de qui sera son prochain amant. Après le boxeur, le politicien, l'acteur, qui sera le nouvel élu ? En femme avisée, Mireille ne se pose pas cette question, préférant laisser au hasard le soin de lui ménager de belles surprises.

# 8

# VIVA NAPOLI

Comme la plupart des gens du spectacle, Mireille Balin se moque de la politique comme d'une guigne. Elle a beau avoir eu une liaison avec un membre du gouvernement français, elle n'a que faire des soubresauts de la vie de son pays et encore moins des séismes qui traversent l'Europe. Elle garde même un bon souvenir de son séjour à Berlin où elle n'a fait qu'entrevoir les chemises brunes.

Aussi, lorsqu'on lui propose d'aller travailler en Italie, elle ne tique pas. Le fait que le Grand Conseil du fascisme ait annoncé le réarmement du pays ne pèse pour rien dans la balance. Pas plus que le rapprochement entre Benito Mussolini et

Adolf Hitler, qui aboutira à une alliance avant la fin 1937. Non, ce qui compte pour Mireille c'est qu'elle va de nouveau visiter la botte italienne et qu'elle va jouer dans un genre qui lui est inédit : une opérette.

Le projet s'intitule *Naples au baiser de feu*. Il repose sur un roman d'Auguste Bailly qui, en 1925, donna naissance à un premier film. Mais celui-là était muet. Le prochain sera parlant et même chantant. Vincent Scotto est invité à créer de nouvelles chansons avec son talent coutumier pendant qu'Henri Jeanson s'occupe des dialogues avec sa verve habituelle.

L'idée des producteurs est de mettre en valeur un chanteur corse dont le succès ne cesse de grandir, Tino Rossi. Il est déjà apparu à plusieurs reprises au cinéma, mais n'a accédé aux premiers rôles que tout récemment. D'abord dans *Marinella*[1] puis avec *Au son des guitares*[2].

*Naples au baiser de feu* se veut une production

1. Réalisé par Pierre Caron.
2. De Pierre-Jean Ducis.

plus coûteuse et, partant, plus ambitieuse. Tino y incarnera un chanteur de pizzeria amoureux d'une gentille jeune femme. Pour pimenter l'action, une ensorceleuse presque garce vient lui tourner la tête.

L'Italien Augusto Genina – qui officie des deux côtés de la frontière – est chargé de conférer un aspect italien à cette bluette tandis que Michel Simon et Marcel Dalio sont engagés pour servir de faire-valoir à la vedette chantante.

À son grand étonnement, Mireille ne se voit pas proposer d'incarner la garce de service, mais la gentille fiancée. Elle accepte avec d'autant plus d'empressement.

Le personnage de la faiseuse de troubles échoit à Viviane Romance, qui va vite se spécialiser dans les emplois de garce.

Le 6 août 1937, une partie de l'équipe – dont les producteurs – se retrouve à la gare de Lyon pour monter dans le train vers l'Italie. De nombreuses jeunes filles trépignent d'impatience en attendant Tino. Il arrive enfin. Toujours souriant et détendu.

– Nous partons pour plusieurs semaines, annonce-t-il aux journalistes. Et je suis bien heureux de tourner à Naples… C'est si près de la Corse ! Et le ciel est si beau dans ce coin du monde où je suis né.

Non loin de lui se tient Mireille Balin dans une tenue claire que le reporter de *Paris-Soir*[1] juge « des plus… rafraîchissantes », sans être plus explicite.

Pour les deux amants, ce train est un peu le train de l'amour.

Le premier tour de manivelle est donc donné à Naples où toute la troupe est logée dans un grand hôtel face au Vésuve.

Si Mireille avait, plus ou moins, caché sa liaison avec Gabin durant les deux films qu'ils firent ensemble, il n'en est plus de même avec Tino. Au contraire, elle est fière et heureuse de s'afficher avec lui au grand jour.

Car elle a succombé rapidement à la voix de velours et à l'accent chantant de Rossi. Sa chevelure soigneusement gominée, son sourire charmeur, son calme apparent et son accent méditerranéen ont contribué à faire de ce chanteur une idole, au pied

1. Édition du 7 août 1937.

de laquelle se pâment des milliers de midinettes. Mireille n'appartient certes pas à cette catégorie, mais elle n'en a pas moins succombé. Les baisers de feux ne sont pas réservés aux caméras.

Tino ne fait pas que l'aimer. Il l'abreuve de conseils pour bien mener sa carrière... et pour ne pas jeter son argent par les fenêtres. Mireille l'écoute d'une oreille distraite, plus sensible à la musique qu'aux paroles.

Son rôle d'Assunta qui espère tant se faire passer la bague au doigt n'est pas aussi palpitant qu'espéré. Un personnage conventionnel, comme tous ceux de ce film. Michel Simon ne cache pas son ennui et Marcel Dalio s'amuse avec un rien. Quant à Tino, il se concentre sur ses chansons, tout en veillant à ne pas décevoir son metteur en scène. S'il étincelle dès qu'il pousse la chansonnette, il paraît moins brillant dès qu'il doit défendre son personnage.

La production prend soin de ses ouailles et leur organise des visites touristiques. Les acteurs sont ainsi conviés à visiter l'île de Capri qui ravit autant Tino que Mireille.

Elle vit ce tournage comme des vacances. Qui

plus est des vacances amoureuses. Elle surveille néanmoins son Tino de près, car elle voit bien qu'il n'est pas insensible au charme ravageur de Viviane Romance.

Bientôt, l'équipe quitte l'Italie pour la France et plus précisément pour les studios Nicea de Saint-Laurent-du-Var[1], choisis pour personnifier les environs de Naples. Mireille se retrouve dans son élément, la Côte d'Azur. Amour, soleil et cigales.

De retour à Paris, le couple Tino-Mireille tient à rester discret. Il est encore trop tôt pour figurer dans la rubrique des potins. Même si les deux amoureux savent que cela ne va pas tarder.

Mireille a d'autres préoccupations. Dont sa carrière. Tino ne cesse de lui répéter qu'elle doit y consacrer le plus clair de son temps.

Or, peu avant d'entamer le tournage de *Naples au baiser de feu*, elle a signé un contrat avec Hollywood. Loin de s'en offusquer, Tino la félicite et la soutient.

Il est vrai qu'il paraît difficile de résister aux sirènes hollywoodiennes. Même si le cinéma

1. Où est reconstituée la piazza San Fernandino de Naples.

français ne manque ni d'attrait ni de talent, son retentissement ne saurait être comparé à celui de son homologue américain. En jouant aux États-Unis, Mireille pourra conquérir d'autres publics, à commencer par le public américain. Vedette dans l'Hexagone, elle disposera des atouts pour devenir une star au pays de l'oncle Sam. D'autant que la proposition émane de la Metro-Goldwyn-Mayer, la première – parce que la plus puissante – firme cinématographique mondiale. La MGM c'est *Les Révoltés du Bounty*, *Capitaine Courageux*, *Le Roman de Marguerite Gautier*, *Roméo et Juliette*, *San Francisco*, *Tarzan s'évade*, *Un jour aux courses*… C'est Clark Gable, Joan Crawford, Spencer Tracy, Greta Garbo, Robert Taylor, William Powell, Judy Garland, Mary Astor, Cary Grant…

Mais quand elle a apposé sa signature sur le contrat, la donne était très différente. Mireille venait de se séparer de Gabin et partir pour les États-Unis lui paraissait une bonne échappatoire. Hélas, elle est désormais éprise de Rossi et a peu envie de s'éloigner de lui. La raison pousse Mireille à honorer son contrat, mais le cœur lui suggère de le déchirer pour rester auprès de son Tino chéri.

Pourtant, le chanteur doit lui aussi poursuivre sa carrière, accepter de nouvelles propositions, se produire partout où on le demande. Mireille est-elle prête à tout laisser tomber pour le suivre ? À voir s'effondrer tout ce qu'elle a construit ? Elle hésite. Et finit par accepter de prendre le bateau pour l'Amérique.

Avant cela, elle effectue un court séjour à Londres où elle rencontre des représentants de la MGM qui règlent avec elle les derniers détails de son voyage et de son installation sous le soleil californien.

Le vingtième jour d'octobre, elle embarque alors que *Naples au baiser de feu* n'est pas encore sorti. Un film au sujet jugé tellement sulfureux qu'en certains endroits il sera interdit aux moins de 16 ans ![1]

À peine Mireille a-t-elle le dos tourné que certains journaux évoquent à mots non couverts sa nouvelle liaison. En première page,

1. Notamment en Indochine.

*Ce Soir*[1] publie une photo tirée de *Naples au baiser de feu* où elle se montre très proche de son principal partenaire avec cet intitulé : « On chuchote le nom d'un chanteur célèbre avec qui elle se marierait à son retour. » L'amour, toujours l'amour...

Mais l'actualité a d'autres sujets de préoccupation. Le Japon et la Chine s'affrontent à coups d'obus, la guerre d'Espagne fait rage, l'Allemagne et l'Italie briguent des petites îles méditerranéennes. Winston Churchill se veut confiant : *La guerre n'est pas pour demain*, titre-t-il dans une longue tribune. Et l'on annonce que Greta Garbo pourrait épouser le chef d'orchestre Leopold Stokowski[2].

Mireille voit s'éloigner les côtes de France.

Pendant ce temps, à Paris, est projeté *Drôle de drame*[3].

1. Édition du 21 octobre 1937.
2. Ce qu'elle ne fera pas.
3. De Marcel Carné avec Louis Jouvet et Michel Simon.

# 9

# TERRE NOUVELLE

L'*Île-de-France* se glisse le long du quai.

Les 658 passagers de la 1re classe tout autant que les 398 de la 2e ont hâte d'en descendre. Bien qu'agréable, le voyage a été long. Et il faut être enfant de marins pour préférer les vagues à la terre ferme. Tous ont déjà bouclé leurs bagages et trépignent à l'idée de fouler le sol américain.

La plupart sont au coude à coude le long du bastingage afin d'admirer l'arrivée à New York. Un spectacle dont on ne se lasse pas. Surtout quand on est Français. Ces immeubles interminables qui se découpent dans le ciel, cette statue qui brandit sa liberté à bout de bras, ce bruit qui entoure la ville et que la sirène du paquebot ne parvient jamais à recouvrir totalement, tout cela ne se trouve qu'en Amérique. Plus qu'un nouveau monde c'est un autre monde. Ici, tout est possible, affirme-t-on. D'ici, on peut toucher la terre entière.

Le somptueux navire ne passe pas inaperçu. C'est un des joyaux de la Compagnie Générale Transatlantique et son arrivée est toujours célébrée comme une fête. Ce morceau de France qui frôle cette York nouvelle, c'est un peu de Paris qui vient apporter ses lumières à la plus grande ville des États-Unis. Le rayonnement de la France est total. La Tour Eiffel et l'Empire State Building ne sont pas des rivaux, mais des alliés qui s'admirent de chaque côté de l'Atlantique.

Mireille Balin prend son courage à-bras-le-corps pour affronter cette nouvelle vie qui l'attend. Ses valises, elle n'a pas eu à les boucler, sa femme de chambre s'en est chargée. Car elle n'a pas voyagé seule. Son chauffeur fait également partie de la traversée, même s'il n'a pas goûté au confort de la

1re classe. Pourquoi un chauffeur ? Tout simplement pour conduire la Bentley qui attend sagement dans la cale du navire.

Mireille Balin est une vedette est c'est en tant que vedette qu'elle s'apprête à débarquer dans *Big Apple*. Elle en porte les signes extérieurs. Pas seulement en raison de son élégance, typiquement parisienne, ni du fait de la présence de ses trois chiens – des skye-terriers – aux yeux cachés derrière de longs poils, mais aux aboiements stridents. Nulle ne peut revendiquer le titre de star sans avoir à ses côtés d'encombrants représentants de la race canine. Et puis c'est aussi une manière de montrer que l'on trouve toujours plus cabot que soi. Si Mlle Balin est une vedette, c'est parce que les succès de plusieurs de ses films l'ont précédée.

Elle ne vient pas sur ce continent pour ouvrir un chenil ni rejoindre un groupe de défense des animaux. Elle s'apprête à partir à la *conquête d'Hollywood*, comme aiment l'écrire les chroniqueurs français, toujours avides de formules préfabriquées. Ils oublient que la Mecque du cinéma ne peut être conquise puisqu'elle repose sur du vent et des chimères. En revanche, elle peut broyer des carrières, brûler des destinées.

En six années, l'actrice a fait beaucoup de chemin. Pourtant ce n'est pas sur ce long parcours qu'elle se retourne avant de descendre de *L'Île-de-France*, mais sur ce voyage.

Elle n'est pas encore vraiment arrivée que, déjà, elle regrette.

Tout avait bien commencé, pourtant.

Et cela ne remonte qu'à quelques mois…

* * *

Flash-back.

Au cours de l'été 1937, Louis B. Mayer s'en vient faire son marché en France.

Ce monsieur au sourire affable et au physique bedonnant n'est pas seulement le président de l'Association des producteurs cinématographiques américains, il est aussi le vice-président de la Metro-Goldwyn-Mayer, qui porte d'ailleurs en partie son nom. Il a en charge toute la partie artistique, laissant l'aspect financier au redoutable Nicholas Schenck.

Louis décide des films, recrute les scénaristes, choisit les comédiens, lance les équipes. Il exerce un contrôle absolu du début jusqu'à la fin du processus de fabrication d'un produit cinématographique. Il ne cesse d'affirmer qu'il connaît les goûts du public et préfère les films optimistes aux œuvres noires qu'il laisse à la Warner. Cela lui a permis de faire de la MGM la plus grande firme cinématographique au monde, affichant plus de stars qu'il n'y a d'étoiles dans le ciel, comme l'a imaginé un publicitaire avisé.

Donc, Mr Mayer arrive en Europe dans l'espoir d'en ramener de nouveaux visages et de nouveaux créateurs. Car le cinéma a constamment besoin de sang frais. Et l'Europe reste l'un des viviers les plus intéressants. Greta Garbo n'est-elle pas venue de Suède ? Marlène Dietrich d'Allemagne ?

Au cours de son périple, Mayer fait signer pas moins de dix-sept contrats, dont plusieurs concernent des Français : Fernand Gravey, Jacqueline Laurent. À eux s'ajoutent les Anglais

Greer Garson et Victor Saville, l'Autrichienne Hedy Lamarr[1]. Bonnes pioches !

Bien conseillé, il s'intéresse particulièrement à un film qui a marqué le public français l'année précédente, *Pépé le Moko*. Il l'a visionné, mais, surtout, il a regardé les chiffres des recettes. Oh, bien entendu, on est loin des résultats américains. 1937 a d'ailleurs été une année magique pour la MGM puisque les trois plus gros succès au box-office sont sortis de ses studios : *Saratoga*, *Le Chant du printemps* et *Visages d'Orient*[2]. Mais ce *Moko* a rapporté suffisamment d'argent pour qu'un vieux loup de mer comme lui veuille se l'accaparer. Son idée est simple : faire signer un contrat au réalisateur et aux deux interprètes principaux. C'est-à-dire à Julien Duvivier, Jean Gabin et Mireille Balin.

Le premier accepte, à condition d'avoir les coudées franches pour mener à bien son activité

1. Pendant ce temps, d'autres vedettes françaises signent avec d'autres studios hollywoodiens, dont Michèle Morgan et Blanchette Brunoy.

2. Respectivement réalisés par Jack Conway, Robert Z. Leonard (*Maytime*) et Sidney Franklin (*The Good Earth*).

de cinéaste. Il se berce de douces illusions s'il escompte avoir la même liberté qu'en France...

Le deuxième refuse catégoriquement. Hollywood très peu pour lui. Il craint d'y perdre son prestige et de se retrouver perdu dans une meute d'acteurs interchangeables. Il a trop soif de son « indépendance », déclare-t-il...

La troisième dit oui, mais sous certaines conditions.

La plus importante à ses yeux est de bénéficier, chaque année, de trois mois de « liberté » pour pouvoir rentrer en France... Sur un plan strictement professionnel, elle ne jouera que des rôles « d'importance », donc des premiers ou des grands seconds rôles... Enfin, la MGM lui garantit trois mois de préparation au cours desquels Mireille apprendra l'anglais, étudiera les propositions et s'habituera au mode de vie hollywoodien.

« La proposition est trop belle pour ne pas y répondre avec enthousiasme, déclare-t-elle. Songez que mon contrat stipule avec précision l'importance des rôles qui me seront confiés. Et surtout,

surtout, songez que je pourrai revoir Paris tous les ans. C'est magnifique ! »[1]

Hollywood la voilà.

Certes, le cinéma français c'est gentil, c'est sympathique, c'est agréable ; mais comparé au gigantesque Hollywood, il fait un peu figure de Petit Poucet, pour ne pas dire de Tom Pouce. Car, depuis qu'il est devenu parlant, le septième art a redéfini les frontières. La langue française, si vantée en littérature, reste un barrage dans de nombreux pays. Son pouvoir s'étiole, sa lumière se ternit.

Mireille a sauté sur l'occasion. Vedette, elle l'est déjà, mais – grâce à cette proposition – star internationale, elle va le devenir. Ginger Rogers, Katharine Hepburn, Joan Crawford et autre Mirna Loy n'ont plus qu'à bien se tenir ; la concurrence arrive !

Dans cet état d'esprit à la fois conquérant et enthousiaste, en juillet 1937, Mireille signe le contrat qui la lie pour cinq ans avec la firme au lion.

1. *Paris-Soir*, 23 juillet 1937.

Un animal qu'elle ne craint pas puisqu'elle-même affiche un tempérament de lionne.

En acceptant l'Amérique, elle renonce à un film français, *SOS Sahara*, où elle devait avoir pour partenaires Charles Vanel et Jean-Pierre Aumont. Elle y sera remplacée par la moins charismatique Marta Labarr.

Seulement entre la signature avec la MGM et le départ de *L'Île-de-France*, trois mois plus tard, il va se passer quelque chose : un film !

Mireille part dans le sud de l'Italie pour participer au tournage de *Naples au baiser de feu*, gentille bluette musicale où elle incarne la jolie Assunta, fiancée du fougueux Mario. Ce dernier est interprété par un Corse aux yeux de velours, plus connu pour ses talents de chanteur que pour ses subtilités d'acteur : Tino Rossi. Et ce qui ne devrait sans doute pas arriver se produit : Mireille en tombe amoureuse. De son côté, Rossi n'est pas insensible aux charmes de la jeune femme.

Cela aurait pu n'être qu'une aventure de tournage, comme la longue histoire du cinéma en est surchargée. Mais cette amourette se prolonge après le clap de fin… Sous ses allures d'ensorceleuse, Mireille cache un cœur de midinette. C'est simple : elle ne veut plus quitter son doux amant à l'accent chantant.

Elle envisage même de rompre son contrat avec la MGM, mais Tino l'en dissuade.

– Il le faut ! décrète-t-il du haut de son autorité.

Lui aussi fait partie de ceux qui considèrent que l'on ne doit pas dire non à Hollywood. De plus, il est en train de négocier un contrat qui devrait le conduire… à New York. Pour une série de galas. N'ayant aucune notion des distances américaines, les deux amoureux se disent qu'ils finiront par se retrouver. Hollywood n'est, sans doute, que la lointaine banlieue de New York…

Mireille part.

Moins enthousiaste qu'au moment de sa signature, mais elle part.

Sa notoriété l'empêche de s'éclipser dans la discrétion. Des journalistes se bousculent gare Saint-Lazare pour lui asséner les ultimes questions avant le grand départ, presque le grand saut.

Elle montre peu d'entrain à leur répondre et refuse de pratiquer la langue de bois :

« Vous voulez que je vous dise « Je suis contente ... très contente ! »... Eh bien... Eh bien... Il me semble à présent que l'Amérique est trop loin de Paris... Que tournerai-je là-bas ? Je ne sais pas encore... »

Arrivée au Havre le 20 octobre, Mireille embarque sur *L'Île-de-France*. Juste avant de monter dans le paquebot, elle reçoit une énorme gerbe de fleurs. Elle lui est envoyée par Jean Gabin qui, par ce biais, lui souhaite bon voyage.

À bord, Mireille se trouve en bonne compagnie. Julien Duvivier – qu'elle connaît bien – est du périple, en compagnie de son épouse et de leur fils. Sont également présents la chanteuse lyrique Elen Dosia, la soprano australienne Marjorie Lawrence, les réalisateurs King Vidor, Erik Charell et Alexander Korda, plus divers pontes des grands studios, dont Murray Silverstone (Fox) et Jacques Cohen (Columbia)[1].

1. Parmi les passagers se distinguent le général Dawes, ancien ambassadeur des États-Unis et Jacques Stern, ancien ministre de la Marine marchande puis des Colonies.

Ce transatlantique est un symbole de l'élégance à la française. Toute la décoration est de style Art déco. Un peu tape-à-l'œil, voire étouffant pour les claustrophobes, mais de quoi éblouir les passagers. Le Grand Salon bénéficie d'un orchestre et, toute proche, une salle de théâtre déploie ses charmes pour satisfaire les appétits d'amateurs de spectacles classiques. La cuisine est, bien entendu, à la hauteur de la gastronomie française et les vins sont de qualité.

Tout est mis en place pour rendre la traversée la plus agréable possible. Mireille tue le temps en bavardages et en abusant un peu trop d'un alcool étranger, le gin.

Enfin, New York se dessine à l'horizon. La passagère redevient une vedette, prête à en découdre avec les reporters locaux.

Car à la MGM on voit toujours les choses en grand. L'efficace service de presse a appelé le ban et l'arrière ban des journalistes, non sans leur avoir fourni un topo sur le parcours de la méconnue (aux États-Unis) Mlle Balin.

Ils sont venus, ils sont tous là. Même ceux du sud de la péninsule.

Mireille apparaît. Les flashs crépitent. Un jeune homme lui colle dans les bras un énorme bouquet de roses rouges et jaunes. Les flashs crépitent. Elle sourit de ce sourire qui a envoûté les salles de cinéma. Les flashs crépitent. Avec une habileté consommée, elle joue de son regard. Ses yeux en amande lancent comme de sombres éclairs. Car elle sait y faire. Elle possède un don particulier pour pencher la tête tout en relevant les yeux. Une sorte de *regard en dessous* cher aux traîtres de cinéma, mais son habileté en augmente la puissance. Un regard hypnotique. Qui n'empêche pas les flashs de continuer de crépiter.

Pour la forme, Mireille répond aux questions du service d'immigration. La MGM a déjà réglé toutes les formalités. Ensuite, une somptueuse voiture la dépose dans un hôtel de New York où d'autres journalistes – à moins que ce ne soit les mêmes que sur le quai – s'agglutinent. On la conduit dans une suite qui croule sous le poids des fleurs. Elle a à peine le temps de souffler que le maelstrom reprend : visite obligatoire à l'Empire State Building, interviews bâclées, périple dans la ville, soirée dans un music-hall…

À l'aube du lendemain de son arrivée, Mireille est conduite à la gare. Le train pour Los Angeles est prêt à mordre le fer. Mlle Balin découvre qu'Hollywood n'est en rien la banlieue de New York. Trois jours et quatre nuits sur les rails vont le lui prouver.

Il n'est pas question de la laisser basculer dans sa morosité. L'employé de la MGM chargé de sa garde et de son emploi du temps la présente à Mr and Mrs Schenck. Non pas Nicolas, le grand manitou de la MGM, mais son frère qui, lui, est à la tête de la 20th Century Fox, ce qui n'est pas mal non plus. Son épouse n'est autre que l'actrice Norma Talmadge, qui s'est retirée du circuit depuis une demi-douzaine d'années. Surmontant son anglais hésitant, Mireille ose de longues conversations avec ce couple, l'interrogeant sur Hollywood, sa vie, ses mœurs, ses pièges. Elle a trouvé les interlocuteurs ad hoc. Les Schenck connaissent mieux que personne les atouts et les travers de la capitale du cinéma. Grâce à eux, le voyage lui paraît moins long et, en tout cas, moins douloureux.

L'arrivée en gare de Pasadena, à l'est de Los Angeles, lui rappelle son statut. L'y attendent,

Mireille Balin l'ensorceleuse au regard de vamp.

Une carrière qui s'étend sur une trentaine de films dont certains ont marqué le cinéma français.

# La Vie merveilleuse de Mireille Balin

par Jean-Charles RAYNAUD

Trois images d'une même femme : Mireille Balin rêveuse, pathétique, belle au bois dormant, mais toujours aussi attirante, sans artifice, sans apprêts...

Ciné-Mondial

## « Je n'aurais pas cru qu'Hollywood fût si loin ! » s'écrie MIREILLE BALIN prise de nostalgie

(Lire dans la 5e page la dépêche de notre correspondant de New-York.)

Star adulée,
Mireille Balin est au cœur d'une certaine presse.

## Mireille Balin est engagée pour Hollywood

### C'est la première fois que la Metro-Goldwyn-Mayer fait appel à une artiste française pour interpréter des films anglais

L'Amérique va-t-elle nous dépouiller complètement ? C'est presque au rythme de une par mois que nous apprenons maintenant qu'une vedette française est engagée pour tourner dans les studios d'Hollywood.

Hier, c'était Georges Rigaud. Aujourd'hui, c'est Mireille Balin. La colonie française sera bientôt la plus nombreuse dans la capitale cosmopolite du cinéma.

L'engagement de Mireille Balin constitue un événement d'importance, du fait que c'est la première fois que la Metro-Goldwyn-Mayer engage une artiste française pour interpréter des films anglais.

— Le contrat que vous avez signé est-il de longue durée ? avons-nous demandé à Mireille Balin en la félicitant.

— Une durée illimitée. Je m'embarque au Havre le 1er octobre. Mais j'ai pris soin de faire stipuler dans le contrat qu'il me serait accordé tous les ans trois mois de vacances en France.

— Vous parlez couramment l'anglais ?

— Je le comprends un peu : mais d'ici le mois d'octobre, j'ai le temps de me perfectionner dans cette langue. Du reste, la M.G.M. me laissera pendant trois mois sans rien faire pour me familiariser avec l'Amérique, son dialecte, sa nourriture... et ses habitants.

Plusieurs fois déjà, Mireille Balin a refusé d'aller tourner en Amérique.

— Cette fois, la proposition est trop belle pour ne pas y répondre avec enthousiasme. Songez que mon contrat stipule avec précision l'importance des rôles qui me seront confiés. Et surtout, surtout, songez que je pourrai revoir Paris tous les ans. C'est magnifique !

— Et d'ici le 1er octobre, que ferez-vous ?

— Je dois partir à Naples, où je serai la partenaire de Tino Rossi dans « Naples au baiser de feu », sous la direction d'Auguste Genina. Puis, le 10 septembre, je vais passer quelques jours à Londres ; je reviens à Paris choisir mes robes, et je pars vers la grande aventure...

...D'où nous souhaitons tous que notre compatriote sorte victorieuse.

Georges CRAVENNE.

Avec Tino Rossi,
en vacances à Deauville.

Sur le tournage de
*Gueule d'amour*,
avec Jean Gabin.

L'une des dernières photos de Mireille Balin,
ombre lointaine d'une star d'autrefois.

bien sûr, les inévitables reporters brandissant leurs volumineux appareils photo, mais aussi le consul de France – dont l'unique activité semble être d'accueillir ses prestigieux compatriotes –, des pontes de la MGM et quelques représentants de la communauté française à Hollywood. Mireille sourit, remercie.

Une limousine la conduit dans un bungalow de luxe où tout a été préparé à son intention, jusqu'au savon qui vient de France.

Bienvenue à Hollywood.

## 10

# L'ANTRE DU LION

Que faire ?

Comment occuper ses journées quand on est une actrice française qui ne connaît pratiquement personne à Los Angeles ?

Les premiers jours, la MGM lui laisse la bride sur le cou. On lui affirme que des projets sont en train de se construire sur son seul nom, on lui annonce qu'elle effectuera bientôt des essais de maquillage. Un nouveau train professionnel est en marche, il va vite s'emballer.

En attendant, Mireille accepte l'invitation des Schenck de passer le week-end dans leur propriété de Palm Springs. Le soleil – qui semble ne jamais se fatiguer dans cette partie de la Californie – est au rendez-vous. La piscine rafraîchit les esprits ; la nourriture est de qualité, mais de qualité locale.

Sur ce, elle reçoit une nouvelle réconfortante : Tino Rossi vient de signer son engagement pour New York. Les deux amants vont fouler la même terre américaine, mais à des milliers de kilomètres de distance. Mireille se renseigne pour effectuer le voyage en avion, mais, compte tenu des escales, cela s'avère incroyablement compliqué. De plus, elle ne peut se permettre un tel déplacement qu'avec l'aval de la MGM… qui n'est pas prête de la laisser filer au profit d'un obscur chanteur corse totalement inconnu dans l'Amérique profonde.

Histoire de retrouver un peu de l'air de Paris, Mireille revoit Danielle Darrieux, qu'elle a connue en France. Elle aussi vient de débarquer à Hollywood[1], mais avec son réalisateur de mari, Henri Decoin, chargé de lui trouver un scénario à

1. Sous contrat de sept ans avec Universal, elle est arrivée un mois avant Mireille, à bord du *Normandie*.

sa hauteur[1]. Danielle ne cache pas que la France lui manque. Surtout sa famille : sa mère, son frère et sa sœur. Bien qu'elle soit bien traitée en Amérique, elle ne s'y sent pas totalement à l'aise. De plus, l'idée de faire d'elle la nouvelle « jolie petite Française » ne lui plaît pas. Les deux amies bavardent, s'amusent et se moquent des us et coutumes hollywoodiens.

Mireille est invitée à quitter son bungalow de fonction. On lui propose plusieurs maisons en location. Elle opte pour une modeste villa de Beverly Hills qui a le mérite de se situer à proximité de l'espèce d'hacienda mexicaine qu'occupe le couple Decoin-Darrieux.

Miss Balin reste sous le contrôle de la MGM. Cela implique un certain nombre de contraintes. Elle doit se tenir prête pour toute convocation au studio. Elle doit accepter de participer à des *parties*, ces soirées organisées où elle rencontrera des stars, sous les objectifs des photographes. Le but est de la faire connaître du grand public américain. Une

1. Ce sera *La Coqueluche de Paris* (*The Rage of Paris*) où elle aura pour partenaire Douglas Fairbanks Jr.

fois que son nom et son visage auront imprégné les esprits, elle pourra se lancer dans un grand film.

Parmi les contraintes : celle de ne jamais répondre aux questions de journalistes en dehors des rencontres organisées par le service de presse. En bonne Française toujours un peu rebelle, elle contourne ce diktat en invitant chez elle des journalistes de son pays.

Ils la pressent de parler d'Hollywood, elle ne peut s'empêcher d'évoquer Paris qui lui manque chaque jour un peu plus.

« Mon véritable climat est à Paris, tout comme ma vie, clame-t-elle. Hollywood, en dépit de son merveilleux cadre naturel, et de son climat, me paraît froid. »[1]

Elle a beau savoir qu'elle ne pourra regagner la France avant un an, elle trépigne. C'est marqué noir sur blanc sur son contrat. Un an sous le ciel californien, au cœur d'un monde qui ne parvient pas à la séduire.

Car elle découvre vite le mode de fonctionnement

1. *Ce Soir*, 14 janvier 1938.

de cette usine à films qui est aussi une usine à fantasmes. Selon elle, tout y est faux, fabriqué, mensonger.

Il y a d'abord ces fameuses soirées auxquelles elle est « conviée ». Elle y rencontre du beau monde. De Clark Gable à Gary Cooper, de Joan Crawford à Carole Lombard. Mais elle sent bien que tous ces comédiens sont, comme elle, en service commandé. Leurs sourires sont trop appuyés, leurs conversations trop plates. Ce n'est pas en les fréquentant dans des restaurants à la mode ou dans des réceptions contrôlées par les studios qu'elle va apprendre à mieux les connaître.

« J'ai le sentiment très net qu'en dépit de leur vie brillante et de toute la gloire qui les environne, les grandes stars sont presque toutes malheureuses, analyse-t-elle. J'ai quelque peine d'exprimer par des mots cette impression, mais on dirait qu'elles poursuivent, sans jamais l'atteindre, quelque chose qui leur manque essentiellement. Peut-être le bonheur ? »[1]

1. *Ce Soir*, 14 janvier 1938.

Ce bonheur qu'elle appelle de tous ses vœux ne se concrétisera que lors de proches retrouvailles avec le beau Tino.

Toutefois, Mireille reste une professionnelle. Un bon petit soldat, à la disposition des officiers qui drivent désormais sa carrière.

« En dépit de mon *cafard*, qu'il m'est très difficile de chasser, j'espère cependant que mon année ici me sera profitable, ajoute-t-elle. Je ferai sans doute un bon film, je bénéficierai des meilleurs maquilleurs et j'aurai l'occasion de jouer aux côtés de très bons acteurs. »[1]

Elle rencontre Irving Thalberg, bras droit de Mayer. Partout, on dit de lui qu'il est le nouveau génie du cinéma, un *wonder boy*. Pourtant, il ne lui fait que peu d'effet. Comme tous les aigles d'Hollywood, il pense plus à la rentabilité qu'aux qualités artistiques. Le dollar est roi en Amérique.

« Ici, tout gravite autour du cinéma, souligne Mireille. C'est le pays du travail et de l'argent.

1. *Ce Soir*, 14 janvier 1938.

Comment résister ? On perd petit à petit sa personnalité et le sens des valeurs réelles. »[1]

En professionnelle déjà aguerrie, elle s'immisce dans les coulisses.

Elle se plie à de longues séances de maquillage qui lui déplaisent. Alors qu'en France, tout le monde vante sa distinction naturelle, en Californie on veut la transformer en troublante femme fatale.

« En arrivant dans les salons de maquillage, racontera-t-elle, je fus dévisagée de haut en bas par plusieurs hommes à grandes blouses blanches. « Oui, très bien, me dirent-ils, mais il faut rabaisser et rallonger un peu vos sourcils... Il faudrait aussi agrandir votre bouche... mais votre front est un peu trop grand ; nous vous mettrons une perruque pour le rapetisser... Et puis vos yeux aussi sont un peu trop en biais... Asseyez-vous, nous allons arranger tout cela ! » Je n'avais rien d'autre à faire qu'obéir. Pendant quatre heures, je suis restée sur mon fauteuil, littéralement assaillie par le maquilleur, le coiffeur, leurs aides, leurs assistantes.

1. *Paris-Soir*, 13 février 1938.

Eh bien, croyez-moi, quand, ce supplice terminé, je me suis regardée dans la glace, je ne me suis pas reconnue ! J'étais devenue une autre femme… une star style américain, sans aucun des défauts qui font, en quelque sorte, ma personnalité… Je vous jure que j'eus une très forte envie de pleurer. »[1]

En parallèle, des propositions commencent à faire jour. Le réalisateur Mervyn Le Roy – connu pour ses films noirs *Le Petit César* et *Je suis un évadé*[2] – se déclare intéressé par un film à la française réunissant Fernand Gravey et Mireille Balin. Le service de publicité de la firme au lion commence à distribuer des cartes postales mettant en valeur la beauté de la comédienne.

Mais Louis B. Mayer poursuit son idée première : un remake de *Pépé le Moko* dans lequel Mireille reprendra son rôle. Jean Gabin ayant décliné l'invitation, il sera remplacé par Spencer Tracy, l'un des acteurs hollywoodiens les plus célèbres. Si Mireille se montre peu emballée à l'idée de rejouer le même

1. *Paris-Soir*, 4 mai 1938.
2. *Little Caesar* et *I Am a Fugitive from a Chain Gang*.

personnage, elle est intéressée par le fait de côtoyer un acteur de la trempe de Tracy que la plupart de ses congénères placent au sommet de la pyramide par la qualité de son jeu[1].

Les rumeurs vont bon train, mais rien ne se concrétise. Mireille trouve le temps long. Elle apprend que sa compatriote Annabella a déjà tourné *La Baronne et son valet*[2] avec William Powell pour la Fox, que Simone Simon a fini la comédie musicale *Love and Hisses*[3] et s'apprête à jouer dans *Josette et compagnie*[4], également pour la Fox[5].

Mais que fait la MGM ?

L'année 1937 touche à sa fin quand le cœur

1. Ce remake de *Pépé le Moko* sera finalement réalisé (hors de la MGM) par John Cromwell, avec Charles Boyer dans le rôle principal et Hedy Lamarr dans celui de la belle Parisienne, personnage créé par Mireille Balin. Titre américain : *Algiers*. Titre français : *Casbah*.

2. *The Baroness and the Butler* de Walter Lang,

3. De Sidney Lanfield.

4. *Josette* d'Alan Dwan.

5. Ces deux actrices reviendront vite en France : Annabella pour *Hôtel du Nord* de Marcel Carné et Simone Simon pour *La Bête humaine* de Jean Renoir.

de Mireille se met à battre plus fort : Tino Rossi vient la rejoindre à Hollywood. Un voyage quasi secret, car il ne faut pas que le service de presse de la MGM l'apprenne et encore moins les journalistes. Pour le public du Nouveau Monde, Mireille doit rester un *cœur à prendre* et cette seule idée est destinée à faire fantasmer des millions de spectateurs. De plus, cette liaison n'est pas officielle et cela reste très mal vu dans la puritaine Amérique.

Le chauffeur de Mireille va chercher le chanteur pour le conduire directement dans la villa. Tino y prend ses aises sans jamais sortir, durant toute la durée de son séjour.

Il sort d'une série de galas new-yorkais qui ont imposé sa voix et son style. Certes, il s'est heurté au puissant syndicat des musiciens qui a tenté d'empêcher la diffusion de ses chansons à la radio, mais public et officiels l'apprécient. Le maire de New York a été jusqu'à rebaptiser un quai du nom du chanteur ! Pourtant, comme Mireille, Rossi se plaît peu aux États-Unis, dont il n'apprécie pas la mentalité. Il refuse une proposition de la 20th Century Fox de jouer dans une adaptation de l'opérette *Balalaïka* qui traite de l'exil russe. Il préfère se rendre à Montréal où il est très attendu. La ferveur des Québécois n'a rien à voir avec le flegme glacial des New-Yorkais.

Mireille l'aurait bien accompagné dans les frimas de l'hiver canadien, mais elle est tenue par son contrat. Tino repart seul. Aussi discrètement qu'il est venu.

Espérait-elle vraiment tromper la MGM ?

Cette puissante firme sait absolument tout ce qui se passe à Hollywood et autour. Elle dispose de correspondants partout et, au besoin, la police lui fournit des informations complémentaires. Eddie Mannix, le cerbère de la MGM, est en permanence tenu au courant du moindre incident. Il apprend l'arrivée de Tino avant même que celui-ci n'ait franchi la porte de la villa de Mireille. Mais Mannix se dit que tant que le couple ne s'affiche pas en public, cela n'a que peu d'importance. En bon chien de garde, il veille à ce qu'aucune photo compromettante ne se retrouve dans les journaux. Cela briserait tous les efforts du studio pour *promouvoir* voire *propulser* Mireille Balin.

Mannix prévient son patron, Louis B. Mayer, qui – une fois Tino parti – convoque la comédienne.

Mireille se sent comme une collégienne dans le bureau du proviseur. Quelle faute a-t-elle commise ? La MGM s'est offert l'actrice, mais non la femme, tente-t-elle d'expliquer. Argument spécieux qui n'est pas apte à faire plier Mayer. Avec son mélange de paternalisme patelin et de rigueur militaire, il fait comprendre que cette convocation constitue un premier avertissement.

La Française quitte le bureau le cœur lourd et les joues en feu.

Sa rancœur envers Hollywood ne fait que s'accroître. Les journées lui paraissent interminables. Même ses chiens ne parviennent plus à la distraire.

Les semaines s'écoulent avec la désespérante lenteur des heures qui n'en finissent pas.

1938 débute sous de sombres nuages.

On fait miroiter à la jolie Française un projet avec Gary Cooper, précisant que l'acteur lui-même réclame sa présence. Elle n'y croit pas. Elle a raison.

On lui propose de jouer dans un remake de

*La Chair et le diable*[1] qui avait pour vedette Greta Garbo et John Gilbert. Elle refuse de « passer après » Garbo, soutenant que c'est « une vraie folie ».

Soudain, elle est prise d'une idée audacieuse. Elle vient de recevoir les dates des concerts québécois de Tino. Pourquoi ne le rejoindrait-elle pas à la fin de sa tournée pour repartir avec lui en France ? Cela paraît inconcevable, mais elle s'y attache comme une noyée s'agrippe à une bouée de sauvetage. Elle n'a plus que cela en tête.

Elle en parle à Tino qui refuse avec véhémence.

– Tu dois rester à Hollywood, lui répond-il sèchement. Tu es une star et ta place est là-bas.

Mireille n'en démord pas : elle sera dans le même paquebot que Tino, en route vers la France !

Elle pourrait demander à la MGM un congé de quelques semaines voire de quelques mois, mais elle se doute bien que Mayer ne le lui accordera pas. Dès lors, il ne lui reste plus qu'une solution : rompre son contrat.

1. *Flesh and The Devil* de Clarence Brown (1926).

Pour motif médical.

Car depuis le départ de Tino, Mireille se sent de plus en plus mal. Elle ne s'intéresse plus à rien, grignote à peine, se morfond, dépérit. Elle est au bout du rouleau, comme on dit.

« Ma santé me donne des inquiétudes, explique-t-elle. Moi qui aime la vie plus que tout, devant cette atmosphère sans gaieté et ce climat sans saisons, je perds ma joie et mon enthousiasme. Je lutte pour me sauver, parce que je ne veux pas devenir une *star* comme celles d'ici qui ne sont plus que de luxueux automates. Je veux vivre, aimer, respirer et rire, malgré Hollywood et ses dollars… Je me suis trompée sur Hollywood. Ce n'est pas seulement la ville des mirages, c'est comme le disait Maurice Chevalier, un ring de boxe. »[1]

Le journaliste Paul Bringuier est touché par ce désarroi. Mireille lui confie :

« Pourquoi suis-je venue ici ? Je me sens seule, je ne m'habituerai jamais à ce pays. Je vais sûrement tomber malade. Et puis je suis loin de

1. *Paris-Soir*, 13 février 1938.

l'homme que j'aime. Non, je ne serai pas heureuse à Hollywood. »[1]

Et Bringuier de terminer son article en des termes que Zola n'aurait pas renié :

« Je n'essaie même pas de la réconforter. Que lui dire ? Il vaut mieux la laisser se calmer, se reposer. Je pars. Au moment de refermer la porte, je regarde cette femme promise au succès, vouée à l'envie, qui n'est plus qu'une petite fille, malheureuse, seule dans une maison étrangère, hostile. Elle est recroquevillée sur le divan, elle sanglote. Près d'elle, sur une table, d'un phonographe monte la voix tendre de Tino Rossi. »[2]

Le médecin de la MGM constate cette dégradation. Il fait son rapport à Mayer :

– Elle a le mal du pays.

Lui-même immigré[3], Louis B. pourrait comprendre ce spleen. Mais en tant que vice-président de la MGM, il ne peut l'admettre. Après

1. *Paris-Soir*, 4 mars 1938.

2. *Id.*

3. Il est né à Minsk (Russie).

réflexion, il finit par accepter que Mlle Balin retourne chez elle, mais dans les conditions spécifiées en toutes lettres dans le contrat : en payant un fort dédit. Mireille – qui pense plus à son cœur qu'à son portefeuille – accepte sans négocier. Grand seigneur, Mayer s'affirme prêt à la reprendre si elle change d'avis. Il connaît trop bien les actrices pour savoir que celle-ci ne reviendra jamais.

Mireille s'agrippe pourtant à cette dernière promesse. Pendant plusieurs années, elle s'y attachera au point d'affirmer qu'elle peut retourner à Hollywood quand elle veut. Elle semble méconnaître la Mecque du cinéma. Sitôt rangé le contrat de Mlle Balin dans un tiroir, Louis B. Mayer a oublié jusqu'à son existence.

La voici libre. Libre de rejoindre Tino Rossi à New York.

Laissant derrière elle ses chiens, sa femme de chambre et son chauffeur, elle saute dans l'avion et se contrefiche des difficultés du trajet. L'amour rend aveugle, il rend aussi insensible.

En s'arrachant à l'emprise de la MGM, Mireille Balin modifie sa destinée d'une manière radicale.

Si elle était restée à Hollywood – quelle que soit sa carrière à venir – elle aurait évité d'innombrables désagréments et des monceaux de terribles douleurs.

Oui, en quittant le soleil californien, elle va s'enfoncer dans la noirceur d'un parcours sans issue. Les élans de son cœur vont avoir des conséquences catastrophiques.

« Tu dois rester à Hollywood ! » lui a répété Tino.

Elle aurait dû l'écouter.

## 11

## MON PAYS

Mireille rejoint Tino à New York.

Elle a quitté Hollywood, rompu son contrat, fait ses adieux à Louis B. Mayer, abandonné toute possibilité de devenir une star française à l'américaine.

Le 24 février 1938, le chanteur corse et l'actrice monégasque embarquent dans le prestigieux *Queen Mary* qui doit voguer vers la France. Ce transatlantique rivalise avec le *Normandie* comme « roi des océans ». Ils sont tous deux les plus rapides pour traverser l'Atlantique et ne cessent de se disputer le fameux ruban bleu. C'est surtout un navire de grand luxe dont les éclats font oublier qu'il vogue sur des eaux parfois houleuses. Une véritable croisière en amoureux.

Si la presse américaine se passionne peu pour le départ subi de Mireille, son homologue française attend son retour avec impatience. Les aléas de sa carrière sont désormais passés derrière ses rebondissements amoureux. Personne ne s'étonne qu'une actrice française ait osé claquer la porte des studios hollywoodiens. Sacré culot ou totale inconscience ?

Certes, Mireille mise sur le fait que des propositions l'attendent en France. Jean Delannoy compte sur elle pour *La Vénus de l'or*[1], car l'actrice Véra Korène vient de lui faire faux bond.

Le fait que Mireille n'ait tourné *aucun* film en Amérique la classe à part. Et démontre qu'elle est une femme de caractère. D'autres – de Darrieux à Morgan – effectueront une ou plusieurs prestations devant les caméras américaines avant de plier bagage. Mireille non. Hollywood l'a déçue, elle n'y remettra plus jamais ses jolis pieds.

1. Qui sera réalisé en collaboration avec Charles Méré.

Au lieu de gloser sur la suite de sa carrière, les journalistes hexagonaux préfèrent s'intéresser à son idylle avec une vedette de la chanson. Car leur passion est devenue un secret de Polichinelle. Étonnamment, les deux intéressés refusent d'évoquer le sujet. D'abord parce que le divorce de Tino est tout frais [1]. Ensuite parce que Mireille n'aime pas étaler ses liaisons dans la presse.

Pourtant les limiers les ont suivis. Ils ont bien noté qu'à New York le chanteur et l'actrice logeaient dans le même luxueux hôtel. Ils ont vu que Tino a aidé Mireille à s'installer dans sa cabine du *Queen Mary*, ne la quittant que quand les photographes se sont approchés.

Bref, la France espère obtenir des réponses à l'arrivée du transatlantique à Cherbourg. Plus exactement *une* réponse : mariage ou pas mariage ?

À peine débarquée, Mireille élude la question et préfère évoquer cette Mecque du cinéma dont elle ne semble garder que de mauvais souvenirs :

1. Il n'a été prononcé que le 22, soit deux jours avant l'embarquement de Mireille et Tino.

« Toute la ville, là-bas, est exclusivement cinéma. On respire cinéma, on parle cinéma, on ne fait que du cinéma. Tout se ramène au septième art et même ce que l'on y mange et même ce que l'on y lit. J'ai demandé à rentrer. J'avais un gros mal du pays, j'étais devenue flottante autant qu'une loque. D'ailleurs, j'ai maigri de quatre kilos, je n'avais aucun appétit. »[1]

Elle se plaint aussi des amplitudes thermiques californiennes : trop chaud le jour, trop froid la nuit.

Elle ajoute que dans moins d'un an elle doit retourner à Hollywood pour y jouer auprès de Clark Gable dans une superproduction, précise que – après avoir joué dans le film de Delannoy – elle sera dans *Le Paradis de Satan* de Félix Gandera puis dans *L'Ancre rose* de Richard Pottier. Tout cela sous-entend qu'elle ne manque pas de projets. Mais l'ensemble reste flou. Car jamais elle ne donnera la réplique à Gable, Jany Holt décrochera le premier rôle féminin du *Paradis de Satan* et *L'Ancre rose* ne se fera tout simplement pas.

1. *Ce Soir*, 1er mars 1938.

Sur ces belles paroles et ces fausses promesses, Mireille et Tino prennent la route pour rentrer à Paris. Cette excursion en voiture leur laisse le temps de profiter des plaisirs de l'hiver français.

La capitale abrite leur passion amoureuse. Arguant que « aujourd'hui, seuls les rois et les bergères se marient », Mireille repousse toute idée de passer devant Monsieur le maire. En revanche, elle est désormais enthousiaste à l'idée de dresser un portrait énamouré de son amant :

« Tino Rossi est l'être le plus simple que je connaisse. Au premier abord, il peut même paraître sauvage. Il n'aime pas faire des grâces. [...] Il a horreur de l'esclandre. Il ne pense qu'à son travail. On peut croire cette attitude recherchée. Mais je le connais bien et c'est là *tout lui*. Son succès, il ne le doit qu'à lui-même. Il a suivi, sans jamais s'en écarter, la ligne qu'il s'était tracée. [...] Il est aujourd'hui tel qu'il était à ses débuts, toujours aussi simple. »[1]

Six mois après avoir délaissé Naples et son baiser

1. *Ce Soir*, 3 mars 1938.

enflammé, Mireille reprend le chemin des studios ; en l'occurrence celui de Courbevoie. Pour *La Vénus de l'or*.

Jean Delannoy n'est qu'à l'aube d'une intéressante carrière, mais sait mettre en valeur cette aventure où la femme joue un rôle primordial. Après avoir fondé une banque un peu louche, une aventurière – qui travaille dans le contre-espionnage – abandonne son associé pour se consacrer à un beau pilote. Quand celui-ci la quitte, elle épouse un riche Anglais.

Mireille continue d'émerveiller.

« On louera Mireille Balin pour sa beauté et son jeu simple et agréable. » *L'Intransigeant*.

« On ne saurait adresser que des éloges à Mireille Balin, incarnation de la Vénus de l'or. Elle interprète son rôle avec sincérité et mesure et elle est fort jolie, ce qui ne gâte rien. » *Pour Vous*.

L'actrice, qui n'a rien perdu de son aura, est censée enchaîner avec *Macao, l'enfer du jeu* que doit réaliser Maurice Gleize, récent Grand Prix du Cinéma Français pour *Légions d'Honneur*.

La distribution comprendra Sessue Hayakawa, Roger Duchesne et Michiko Tanaka. Mais ce projet est soudain repoussé. En réalité, il a déjà connu de nombreux soubresauts. Gleize a beau être remplacé par Maurice Dekobra, cela ne fait pas avancer l'affaire. Cette œuvre devra attendre encore un an avant de voir le jour. Quant au projet d'un film avec Maurice Chevalier, il fait long feu.

La vie de Mireille se construit sur de perpétuels changements. Elle délaisse son appartement du 16e arrondissement pour prendre ses quartiers au huitième étage de l'hôtel George V dans l'avenue du même nom. Au moins y dispose-t-elle de tout le personnel qu'elle souhaite, vingt-quatre heures sur vingt-quatre.

Début juillet, elle part… pour l'Italie. De plus en plus fasciste, mais cela ne la concerne pas. Elle ne s'y rend pas pour des vacances, mais pour le travail. Elle doit y tenir le premier rôle féminin de *Terre de feu*. Rien à voir avec *Naples au baiser de feu* même si la vedette masculine en est un chanteur ; le ténor Tito Schipa. L'action se situe à Paris, Rome et Milan, mais aussi en Argentine. Tournage en deux versions : italienne et française.

Le plateau de tournage devient l'endroit où il faut se montrer. De nombreuses personnalités s'y succèdent pour vanter les mérites de l'alliance franco-italienne. Parmi elles, le pilote Bruno Mussolini, fils du Duce.

Derrière la caméra se trouve Marcel Lherbier, cinéaste de renom qui, contrairement à ses interprètes, s'inquiète de l'avenir de l'Europe et ne se sent pas à l'aise dans cette fâcheuse Italie.

« Mon séjour dans cette Rome qui vous brûlait les yeux me permit de tâter le pouls transalpin à une période où la voix enrouée de Mussolini déchaînait ses fervents de la place de Venise et où l'animosité de l'Italie contre la France grandissait en sourdine alors qu'approchait le vertigineux à-pic de Munich[1]. »[2]

1. Allusion aux accords de Munich du 30 septembre 1939 qui verra la France et le Royaume-Uni céder aux exigences d'Hitler.

2. *La tête qui tourne*, Belfond, 1979.

Bien que coproduit par la France, ce drame – où un chanteur commet un crime passionnel, mais retrouve la gloire grâce à sa femme – attendra 1942 avant d'être distribué en France. Car, au moment où *Terre de feu* sera complètement bouclé, les produits *made in Italie* auront perdu leur bonne réputation en France.

Début août, sitôt terminée sa prestation dans ce mélodrame italien, Mireille a prévu de jouer dans une adaptation cinématographique du *Colomba* de Prosper Mérimée. Dont l'action se déroule en Corse. Elle y retrouvera Tino Rossi qui compte passer le reste de l'été dans son île natale avant de terminer par un court séjour à Cannes. Hélas, le film est annulé… Qu'à cela ne tienne, Mireille reste proche de Tino. Ils sont d'ailleurs côte à côte pour assister à la première mondiale de *La Femme du boulanger*[1] où le talent de Raimu transcende l'écran.

À l'automne, Mireille devient Véra Agatcheff pour Maurice de Canonge et son *Capitaine Benoît*.

1. De Marcel Pagnol.

Cette production compte parmi les nombreuses aventures aussi militaires qu'exotiques dont raffole le public français. Le rôle-titre est tenu par Jean Murat, spécialiste des emplois d'officiers au cœur noble et à la fibre patriotique. Évadé des geôles allemandes, ce capitaine enquête pour le compte du Deuxième Bureau sur la mystérieuse explosion d'avions militaires français basés dans le Sud. Sa mission autour de la Côte d'Azur l'amène à rencontrer une jeune femme… qui est une traîtresse.

Mireille redevient garce, un emploi qui lui convient à merveille. Elle est d'ailleurs considérée comme l'une des « trois garces » du cinéma français avec Ginette Leclerc et Viviane Romance. Mais Mireille possède une grâce naturelle que les deux autres n'ont pas. Une aristocrate face à des roturières.

Son espionne est avant tout une femme. Elle tient à le faire savoir :

«Je n'admets pas les personnages tout d'une pièce, dit-elle. La meilleure des femmes peut avoir ses instants de faiblesse et la pire dissimuler des vertus réelles. J'aime cette manière humaine d'envisager les choses. On a beaucoup abusé de ce mot facile, « humain ». Il traduit à merveille les hésitations, les sursauts, les repentirs d'un être dont le « climat » normal n'a pas encore été situé. »[1]

Elle est toujours ravie de travailler sur les bords de la Méditerranée, qui lui conviennent si bien. Elle y reste d'ailleurs après son dernier jour de tournage, car Tino la rejoint. Il l'emmène à Ajaccio. Et la présente même à ses parents.

Cela sent l'officialisation de leur liaison. Au point que *Paris-Match* entérine cette quasi-certitude par la publication d'un reportage : *Tino Rossi et Mireille Balin, un roman d'amour vrai*.

Oui, tout cela commence à sentir le mariage. Et les échotiers de se demander si la cérémonie aura lieu dans le 16e arrondissement parisien ou dans le cadre typique d'un village corse.

Certains semblent mieux renseignés que d'autres. Ils affirment que le mariage sera célébré en janvier 1939 dans un lieu tenu secret et que les

1. *Paris-Soir*, 15 décembre 1938.

jeunes époux partiront ensuite en voyage de noces en Égypte. À voir.

Pour l'heure, c'est la comédienne qui prime sur la femme. Le désir de Mireille de retrouver sa place de grande vedette française la pousse à enchaîner tournage sur tournage.

Elle rejoint le plateau de *Cas de conscience*[1] de Walter Kapps. Mais pour de stricts motifs de trésorerie, les prises de vue sont stoppées. Les producteurs partent en quête de nouveaux financements, laissant les comédiens à leur destin.

Pour arrondir ses fins de mois, Mireille accepte de refaire de la publicité et, par journaux interposés, vante les mérites du démaquillant Lait de Cologne – réputé sans alcool et sans glycérine – et des bijoux Burma – « pour la femme, un élément de séduction indispensable ».

En revanche, elle refuse le cachet mirobolant de 300 000 francs pour jouer dans une adaptation française du *Facteur sonne toujours deux fois*, roman

1. Connu également sous le titre de *Le Créancier*.

de James M. Cain. Raison invoquée : elle sera indisponible aux dates du tournage pour cause de… voyage[1] !

En décembre, elle apprend le redémarrage de *Cas de conscience*. Mais Mireille, parce qu'accaparée par d'autres projets, cède son rôle à Suzy Prim.

Quels sont ces projets ?

L'Égypte !

Les échotiers avaient au moins raison sur un point : Mireille et Tino partent pour le pays des pyramides. Mais pas en voyage de noces. Plutôt en voyage d'affaires puisque le Corse doit donner des récitals dans ce pays ainsi qu'en Turquie, Syrie, Grèce et Roumanie.

Départ par train pour Marseille, le 9 janvier 1939. Les journalistes présents gare de Lyon « craignent » que les deux amoureux profitent de cette épopée pour se marier hors de France.

1. Filmée sous le titre *Le Dernier tournant*, cette adaptation aura pour héroïne Corinne Luchaire. Elle ne se hissera jamais à la hauteur de l'adaptation américaine, mise en boîte en 1946 (avec Lana Turner).

Dans une ambassade ou un consulat, par exemple. Le romantisme y perdra ce que la tranquillité y gagnera.

Peu concernés par ces questions, les tourtereaux débarquent du train pour mieux embarquer sur le paquebot *Khédive Ismaïl Pacha* qui vogue vers Alexandrie. Ils prennent le temps d'admirer les couchers de soleil et les flots bleus.

Ils ne seront pas de retour avant le 19 février 1939.

Et pendant ce temps-là, à Paris on projette *J'étais une aventurière*[1].

1. De Raymond Bernard avec Edwige Feuillère.

# ENTRACTE

*Poursuivant auprès des vedettes de l'écran notre enquête sur l'art de plaire, nous publions aujourd'hui la réponse de Mireille Balin :*

> « Il y a des femmes qui vous diront : "Tout dépend de l'être à qui vous désirez plaire ; ce qu'il faut c'est savoir s'adapter..."
> Eh bien, non, non et non !
> Pour plaire, je dirai, moi, qu'il ne faut rien faire pour cela et qu'il est parfaitement inutile de se "mettre en frais".
> Je ne vois pas très bien en quoi cela peut servir, ni quel plaisir on peut en retirer. Pourquoi séduire ceux qui vous sont indifférents ?

Et ceux qui nous aiment n'ont-ils pas l'admirable qualité de nous apprécier telles que nous sommes ? Il y a des êtres qui sont obsédés par le besoin d'être aimés. Ils veulent plaire, ils ne peuvent vivre qu'à cette condition ; ils sont perpétuellement inquiets de l'opinion que l'on a d'eux, de ce que l'on pense de leur talent, du degré de pouvoir de leur charme ou de leur beauté.

Que font-ils de la vie avec ce perpétuel tourment ? Connaissez-vous seulement le plaisir que l'on éprouve à voir naître une sympathie, une amitié ou un amour, sans que l'on ait cherché à les provoquer par de vains artifices ?

Sourires, parfums, sex-appeal, dans le bazar du charme, la femme ne sait que choisir pour plaire à l'être qu'elle aime.

Mais comme, en fin de compte, il n'est guère possible de conserver son amour qui s'émiette, pas plus qu'il n'est facile de plaire à qui vous déplaisez, les armes de la séduction ne servent à rien contre l'inévitable.

Il faut donc, au lieu d'être le miroir des êtres que l'on approche, garder intacte sa personnalité. C'est un moyen comme un autre d'attirer et, au moins, si l'on réussit, il y a la satisfaction de se dire que

l'on vous aime pour vous-même.
Si c'est un échec, il vous reste votre équilibre, votre confiance, et non pas ce désarroi moral et physique qui atteint celles dont Louis Verneuil dit qu'elles sont des "fontaines lumineuses".
Je pense que, dans le fond, le meilleur moyen d'attirer les hommages c'est de ne pas les rechercher.
L'indifférence, le détachement ont leur pouvoir ; beaucoup d'hommes n'aiment pas les conquêtes faciles. Ils cherchent d'autant plus à entrer en grâce que vous leur marquez votre manque d'empressement à les accueillir.
Et puis, ne gaspillez pas votre cœur ni votre amitié ; il vaut mieux donner beaucoup à quelques-uns que de distribuer trop de petites parts.
Il y a dans l'abondance une perte de puissance dont il faut se garder.
Plaire ne prend toute sa valeur que lorsqu'il s'agit de conserver auprès de soit ceux auxquels on tient. »

Mireille Balin
Réponse recueillie par Jacqueline Lenoir
*Ciné-Miroir*, 15 mai 1938.

## 12

## MENACES

Soudain, Mireille Balin se trouve confrontée aux affres de l'actualité.

Mais par le biais de la fiction. Le 13 février 1939, le réalisateur Edmond T. Gréville débute les prises de vue de *Cinq jours d'angoisse* qui sera ultérieurement rebaptisé *Menaces*.

Le sujet est encore chaud puisqu'il se situe en septembre 1938. C'est l'époque des accords de Munich. Les plus avisés redoutent une guerre imminente. Ils fuient le régime nazi pour chercher un refuge précaire en France. Tel est le cas d'un médecin autrichien joué par Erich von Stroheim (qui porte un masque lui cachant la moitié du visage) et de quelques autres ressortissants. Ils se retrouvent dans un petit hôtel du Quartier latin où ils craignent à tout moment l'annonce d'un conflit international.

« Le thème du film, précise Gréville, est une histoire d'amour, mais située dans l'ambiance des journées d'angoisse de septembre 1938. Sous la menace qui pèse, comment évolueront les caractères ? Comment se comporteront les êtres ? »[1]

Propos audacieux, mais financement difficile. Le cinéma européen va mal, de nombreuses sociétés de production ferment leurs portes et les nuages qui assombrissent l'avenir ne poussent pas à investir. L'argent manque à *Cinq jours d'angoisse*. Il faut stopper le tournage. Les acteurs s'annoncent prêts à renoncer à leurs cachets contre un pourcentage sur les recettes.

Cela permet de relancer la machine.

Mais ce projet semble maudit. Fin mars, un incendie détruit partiellement le laboratoire de Saint-Cloud, lieu de tirages des pellicules.

1. *Le Matin*, 10 février 1939.

240 000 mètres de pellicule partent en fumée. Détruisant en tout ou partie six films, dont *Cinq jours d'angoisse*[1]. Les assurances vont jouer, mais elles ne pourront que proposer de l'argent, non faire revivre les nombreuses scènes déjà tournées.

Tout cela provoque une cascade de complications et le film n'a désormais plus aucune certitude de voir le jour.

Mireille ne reste pas inactive. Quelques jours après la fin forcée des prises de vue du film de Gréville, elle retrouve Erich von Stroheim dans *Rappel immédiat* de Léon Mathot qui, à son tour, traite de l'actualité via la crise de Tchécoslovaquie.

Pour la première fois Balin y joue une actrice. Naturalisée américaine, femme de diplomate, elle vient tourner un film en France tandis que son époux tente de sauvegarder la paix.

Vite tourné, *Rappel immédiat* sera aussi vite sorti. En juin 1939. Il ne suscitera que peu d'intérêt de la

1. Parmi les autres films se trouvent *Campement 13* de Jacques Constant, *Le Danube bleu* d'Alfred Rode, *Le Plancher des vaches* de Noël-Noël et *Terre d'Angoisse* de Robert Bibal.

part du public. La critique s'efforcera pourtant de le défendre : « Ce grand film de Léon Mathot, s'il s'inspire d'une actualité récente, n'en comprend pas moins une action humaine dont l'intérêt va grandissant depuis le début de l'action jusqu'à la dernière image », écrira *L'Intransigeant*[1].

Mireille n'en oublie pas Tino. Elle s'est déjà rendue à Berlin où son tour de chant a été apprécié. Cette fois, pour rien au monde elle ne manquerait la première à l'Olympia du créateur de *Marinella*. En avril, la salle est comble et le triomphe retentissant. Rossi n'est pas un éphémère chanteur, mais une vedette qui semble bien partie pour durer. À condition que le petit papa Noël veille sur lui.

Après avoir joué une actrice, Mireille devient la comtesse Vilma Isopolska pour *Coups de feu*, de René Barberis.

Tiré d'un roman d'Alexandre Pnouchkine, ce drame doit être interprété par Victor Francen et Erich von Stroheim. Mais le premier se désiste et le second est en procès avec la production. Raymond

1. Édition du 14 juin 1939.

Rouleau hérite du rôle principal tandis qu'Aimé Clariond remplace von Stroheim dans l'uniforme du capitaine Hans.

Le tournage débute le 11 décembre 1938 sous le titre *Duel*. Quatre semaines sont programmées en studio et trois autres en extérieur.

Un mélodrame sur fond d'ambiance militaire qui semble appartenir à une lointaine époque. Ce type de sujet n'est déjà plus dans l'air du temps.

« Mireille Balin y est très remarquable et donne au film un intérêt très vivant », notera toutefois *Cinéopse*.

En juin, elle travaille sous la direction de Sacha Guitry. Une forme de consécration tant le maître est exigeant sur la qualité de ses comédiens. Pourtant elle ne le côtoie ni pour un film ni pour une pièce de théâtre, mais pour un impromptu, c'est-à-dire un petit spectacle. Une unique représentation donnée au cours d'un dîner de gala en faveur de l'Entraide des femmes françaises. Le cadre en est le prestigieux restaurant des Ambassadeurs[1]. Mireille y a

1. Avenue Gabriel (8e).

pour partenaires Gaby Morlay, Corinne Luchaire, Michèle Morgan, Simone Simon… mais aussi Tino Rossi et Jean Gabin ! C'est la première fois qu'elle se produit sur scène. Son rôle est court et, soutenue par Sacha, elle s'en sort bien.

À la mi-juillet, Edmond T. Gréville annonce une proche reprise de tournage *de Cinq jours d'angoisse*. Mais en moins de quatre mois, tout a basculé. La situation internationale n'a fait qu'empirer et l'Europe se retrouve au bord du gouffre.

« Les événements politiques qui se sont déroulés depuis septembre 1938 ont rendu nécessaire une refonte du scénario initial et c'est un film entièrement nouveau qui est envisagé, explique le réalisateur. Un film dans lequel seront gardées seules quelques scènes existant déjà. »[1]

Mireille revient devant la caméra d'Edmond. Elle y reprend son rôle, retrouve le cadre de l'hôtel, mais l'époque a fait un petit bond. Elle se situe désormais en 1939 avec une menace de guerre de plus en plus précise.

1. *L'Intransigeant*, 19 juillet 1939.

Sitôt sa prestation terminée, Mireille se rue sur la Côte d'Azur. Elle ne peut imaginer passer tout l'été loin de sa région favorite, surtout en ces temps sombres. D'autant qu'elle a prévu de s'occuper de la rénovation de sa villa qu'elle a décidé de baptiser Catari, en souvenir de sa belle rencontre avec Tino[1].

« En vacances, je suis très matinale, affirme-t-elle. Mais je fais plus d'une heure de culture physique et le décorateur est un homme terrible, il me mange je ne sais combien de temps matin et soir. Tenez, ici c'est ma chambre à coucher. Quelle vue j'aurai, n'est-ce pas ? Toute la baie de Cannes, les îles, et regardez, à gauche, ces collines bleues et rosées... Là, ce sera une chambre d'amis, ici une autre... Cette pièce, je ne sais pas encore si j'en fais une bibliothèque, une lingerie ou une salle de culture physique. C'est un peu une hérésie, hein, dans ce pays, la culture physique à l'intérieur ?

1. *Catari ! Catari !* est une chanson traditionnelle napolitaine reprise et adaptée pour Tino Rossi *dans Naples au baiser de feu* et devenue un gros succès.

Décidément, je crois que ce sera une lingerie, j'installerai la bibliothèque en bas, à côté de la salle à manger… »[1]

L'ensemble de ce décor de princesse sera éclairé par le soleil et coloré par d'innombrables fleurs.

« Les fleurs, c'est ma passion, poursuit-elle. Je me ruine en fleurs ici, à Paris, partout. Je ne peux pas vivre sans elles. Quand je n'avais pas le sou, je me passais même de manger pour en acheter, et petite fille, à Monte-Carlo où je suis née, je crois bien que si l'on ne m'avait pas surveillée, j'aurais pillé tous les jardins publics. Maintenant, je me rattrape, vous voyez, les roses, les œillets, les dahlias, les glaïeuls, les hortensias, je pourrais tenir boutique. Et quand des fleurs auxquelles je me suis habituée un jour ou deux se fanent et meurent, je suis malheureuse. Ça me donne une si affreuse sensation de l'éphémère, à tel point qu'un ami psychiatre et psychologue m'a conseillé, pour rétablir l'équilibre, de m'attacher à quelque chose de durable et solide. Et je lui ai obéi avec des éléphants de

1. *Le Journal*, 18 août 1939.

bois massif, de pierre, d'ivoire, de nacre, de bronze, de jade… »[1]

Qu'elles paraissent loin les menaces d'une guerre. Les nazis ont pourtant déjà commencé à piétiner les fleurs, et même à les bombarder…

Mireille n'est pas vraiment en vacances. Elle se prépare à participer à un projet ressorti non de l'oubli, mais de diverses difficultés : *Macao, l'enfer du jeu*. Dont l'action se déroule sur fond de guerre sino-japonaise.

Son principal partenaire sera son ami Erich von Stroheim. Ils évolueront dans une ambiance terriblement exotique.

Le réalisateur Jean Delannoy ne filme pourtant pas bien loin : dans les studios de la Victorine à Nice et, pour les extérieurs, à Villefranche-sur-Mer. Là est reconstitué un Macao de pacotille qui électrisera les spectateurs par son clinquant. Pour la figuration, on engage plus de cent cinquante travailleurs asiatiques, étonnés de se retrouver dans ce décor inattendu.

1. *Ibid.*

Pour la deuxième fois Mireille y joue une actrice. Elle tombe sous le charme d'un aventurier qui l'emmène sur son yacht jusqu'à Macao, capitale du jeu et de tous les trafics. Là, la comédienne se mue en belle aventurière. Arrêtée par les Japonais, elle est sauvée du peloton d'exécution par un puissant trafiquant d'armes.

L'entente avec Erich – qui n'est pourtant pas d'un naturel câlin – est totale. Mireille apprécie à la fois la subtilité de son jeu et sa façon de refuser de se laisser manipuler. Erich tient à sa réputation de « l'homme que vous aimerez haïr » !

Une fois sa prestation terminée, Mireille reste sur la Côte. Tino ne tarde pas à la rejoindre.

Cannes reste leur havre de paix, mais ils ne dédaignent pas se rendre à Monte-Carlo où ils côtoient la fine fleur de l'aristocratie européenne. On est prié de ne pas parler politique.

En août, le couple délaisse les charmes méditerranéens au profit du calme normand. Il s'installe pour quelques jours à Deauville où un journaliste les surprend en train de prendre l'apéritif à la terrasse du bar du Soleil : « Il y a toujours un cercle de badauds autour de la table où Tino Rossi boit un jus d'orange en compagnie de Mireille Balin qui, elle, ne dédaigne pas les alcools forts. »[1]

Ce chroniqueur met le doigt sur un point crucial : le penchant de Mireille pour la boisson. Elle n'a rien d'une ivrogne et ne se balade pas avec un litron dans son cabas, mais elle ne dédaigne jamais un *verre* pourvu qu'il soit rempli d'un alcool de qualité. Cette tendance trop prononcée constitue une pomme de discorde dans le couple. Tino n'apprécie pas cette passion pour la dive bouteille. Mais Mireille n'est pas femme à recevoir des ordres, fussent-ils ceux de l'homme qu'elle aime.

En contrepartie, Mireille – tout comme Tino – refuse de jouer au casino de Deauville, laissant ce coûteux amusement au duc de Norfolk et au prince Aly Khan. Ce refus l'éloigne de la Mireille de *Macao, l'enfer du jeu* qui, dans ce film, aime s'asseoir à une table de casino[2] !

1. *Excelsior*, 16 août 1939.
2. Mlle Balin se rattrapera par la suite.

L'actrice poursuit avec *Le Dernier Refuge* – adaptation du *Locataire* de Georges Simenon – que réalise Jacques Constant[1]. Elle y joue une séductrice parée des plus beaux atours. Pourtant la production ne lui laisse que deux jours pour choisir ses tenues.

« Le métier de vedette exige parfois qu'on se hâte terriblement sans perdre pour cela de sa classe, note *L'Intransigeant*[2]. C'est ce que Mireille Balin réalisa, avec l'aide de son couturier. Elle apporta tant de soins et de diligence au choix de ses toilettes et aux différents essayages que la garde-robe complète fut prête au jour fixé. »

Le premier clap est donné aux studios Gaumont avec pour décor une luxueuse chambre d'hôtel.

« Bien qu'ayant un thème de film policier – puisqu'il s'agit d'un meurtre commis par Georges Rigaud, que poursuit la police – il ne sera pas traité en film policier, affirme Constant. C'est un conflit très moral, bien loin de ceux où l'on voit le criminel se prendre pour un héros,

1. Scénariste de *Pépé le Moko*.
2. Édition du 15 août 1939.

et j'espère que nous le rendrons tragiquement vrai. »[1]

Mais le 3 septembre 1939, la France déclare la guerre à l'Allemagne. Une partie du personnel étant mobilisé, les prises de vue du *Dernier refuge* s'arrêtent brutalement.

Rien ne va plus.

1. *Le Matin*, 25 août 1939.

# 13

# OCCUPATIONS

La guerre est déclarée.

Mais elle tarde à démarrer. Les soldats français sont pourtant prêts à bouter l'ennemi nazi hors de France. Par esprit de contradiction et par refus de respecter les règles, celui-ci tarde à se montrer. Les hauts gradés espéraient qu'il se rue sur la ligne Maginot, où il se serait cassé les dents, mais il n'en fait rien.

S'instaure ce que l'on dénomme une *drôle de guerre*. Qui n'amuse personne et inquiète tout le monde. En attendant l'issue du conflit que l'on espère proche, on s'organise comme on peut. C'est-à-dire que l'on fait comme si de rien n'était. On vaque à ses occupations sans imaginer que bientôt les Teutons accapareront ce terme à des fins personnelles.

Le cinéma français poursuit sa route cahin-caha. De nombreux producteurs hésitent à se lancer dans le financement de nouveaux films, mais d'autres affichent leur optimisme en sélectionnant des projets destinés à distraire ou interpeler le public.

Les acteurs français restent dans l'expectative. Peu curieux de vivre l'avenir du vieux continent, leurs collègues américains en villégiature en France plient vite leurs bagages pour rentrer à Hollywood. Quant aux comédiennes – dont Mlle Balin [1] –, elles sont nombreuses à se proposer comme marraines de soldats français, prêtes à entretenir des relations épistolaires.

Elle accepte aussi de jouer dans un film d'Augusto Genina, son réalisateur de *Naples au*

1. Parmi les autres personnalités se trouvent Arletty, Junie Astor, Gaby Basset, Edwige Feuillère, Jany Holt, Ginette Leclerc, Mila Parély, Suzy Prim, Madeleine Renaud, Madeleine Robinson, Françoise Rosay, Gaby Sylvia…

*baiser de feu*. Encore une production liée à une actualité récente. Ni l'Italie, ni la France, et encore moins Macao, mais l'Espagne. Sous le titre *Les Cadets de l'Alcazar*, ce film raconte la résistance d'une poignée d'hommes et de femmes réfugiés dans l'Alcazar de Tolède où ils sont assaillis par les Républicains. Le colonel José Moscardo prend le commandement de cette résistance en attendant l'arrivée des troupes du général Franco.

Cette production sera, ultérieurement, beaucoup reprochée à Mireille Balin. Car il s'agit ni plus ni moins d'une œuvre de propagande. Pro-franquiste, donc plutôt du côté des fascistes et des nazis que des ardents défenseurs de la démocratie et de la liberté. Le ton en est simpliste : les bons (à l'intérieur) contre les méchants (à l'extérieur). Toutefois, il repose sur un fait réel : la résistance des miliciens nationalistes ainsi que de nombreux civils réfugiés dans la forteresse de l'Alcazar entre le 19 juillet et le 26 septembre 1936.

Le film est cofinancé par l'Italie et l'Espagne et son tournage a pour cadre d'abord Tolède, ensuite les studios romains de Cinecittà. L'argent ne manque pas pour transformer cette tragédie en grand spectacle. Le péplum n'est pas loin.

« Cela n'a pas été drôle, se plaindra Mireille, car nous avons vécu dans une atmosphère tragique, dans un studio bas de plafond, empli tout le jour de fumée et où l'on pouvait sans peine croire par instants que l'on était soumis à un véritable bombardement. Genina s'était entouré de conseillers techniques venus d'Espagne et dont la participation au siège de l'Alcazar garantissait les compétences. »[1]

A-t-elle remarqué que ces fumeux *conseillers techniques* appartiennent tous au même camp et qu'aucun représentant des *assaillants* n'est présent ? Elle aurait vite compris que ce film est de parti pris.

Tino Rossi en profite pour rejoindre sa « fiancée » à Rome où ils savourent les immuables beautés de la ville éternelle.

Sur le tournage, Mireille tient le premier rôle féminin, une Espagnole. Elle n'a absolument

1. *Cinémonde*, 1er mai 1940.

aucune notion du cadre général de l'entreprise et n'a accepté que par sympathie pour Genina dont elle apprécie le travail.

Lui reprocher cette participation à ce pur produit de propagande relèvera de l'hérésie. Il est rare qu'un acteur ou une actrice ait conscience du véritable but visé par une production. Il ou elle se concentre sur son rôle sans en percevoir les conséquences. Ici, pour Mireille, il s'agit d'un drame poignant et elle ne peut imaginer que les franquistes y sont glorifiés au détriment des communistes réduits au rang de brutes sanguinaires. Reproches d'autant plus infondés qu'en 1936, la majorité de la presse française s'était ralliée au camp des *victimes* – les réfugiés de l'Alcazar – et avait salué le courage de Franco, transformé en sauveur de la veuve et de l'orphelin.

À son retour en France, Mireille confiera avoir gardé une « impression excellente » de son séjour en Italie :

« Je n'ai pas entendu une parole discordante, une réflexion désagréable à l'égard de la France. L'évolution est sensible. Il y a dix-huit mois, quand je suis allée en Italie tourner *Terre de feu*, on sentait beaucoup plus nettement s'exercer l'influence allemande. »[1]

Outre cette fine analyse politique, on ne pourra reprocher à Mireille d'avoir travaillé au sein d'un pays hostile à la France puisque l'Italie ne déclarera la guerre que le 10 juin 1940.

*Les Cadets de l'Alcazar* est tourné en trois langues, italien, français et espagnol, ce qui en ralentit considérablement la réalisation.

Il représentera l'Italie à la Mostra de Venise où, sans réelle surprise, il remportera la Coupe Mussolini du meilleur film italien. Surtout, il obtiendra un énorme succès en Italie, en Espagne, mais aussi en Allemagne, trois pays touchés par le courage de ces résistants catholiques menés par un brillant colonel.

Tandis que ce produit – qui relève plus d'une mauvaise publicité que d'un bon film – vit sa drôle de vie, Mireille rentre dans une France qui vit sa drôle de guerre.

1. *Cinémonde*, 1er mai 1940.

Il est prévu qu'elle retrouve Tino Rossi sur grand écran. Ce couple étant connu et apprécié sur l'ensemble du territoire, il semble logique qu'il revienne au cinéma. Pour *Fiesta*, que réalisera Edmond T. Gréville, où le Corse jouera un matador espagnol. Seulement, il a déjà signé pour *La Comédie du bonheur*, film musical qui va se tourner aux mêmes dates. De plus, il est très sollicité pour participer à des tours de chant tant en France qu'en Europe. Les prises de vue de *Fiesta* sont donc reportées à l'été 1940. Mais, d'ici là, beaucoup de choses auront changé[1].

Sort enfin sur les écrans *Menaces* – ex *Cinq jours d'angoisse* – de plus en plus proche de la réalité. Il est présenté en matinée le samedi 13 janvier à l'Olympia. Au profit du Déjeuner des lettres et de la musique dont Mme Albert Lebrun est la présidente d'honneur. Il rencontre un beau succès qui confirme la popularité de Von Stroheim et de Balin.

1. Filmé par Marcel Lherbier, *La Comédie du bonheur* sera finalement joué par Ramon Novarro.

Cette dernière paraît moins avide de films. Depuis son retour d'Hollywood, elle n'a presque pas arrêté et a reconquis les sommets, même si aucune de ses prestations n'a eu l'impact de *Pépé le Moko* et *Gueule d'amour*.

Sa liaison très médiatisée avec Tino Rossi lui permet de continuer de paraître dans les journaux. On ne parle plus de mariage, mais, à intervalles rapprochés, des photos les montrent à telle ou telle manifestation.

Le cinéma français se cherchant un avenir à défaut de se trouver un présent, nombre de professionnels se retrouvent sur la touche. Mireille attend. Elle attend une proposition, un projet, un contrat, une ouverture. Elle attend surtout l'inéluctable victoire de la France sur l'Allemagne, qui ramènera la sérénité et permettra de retrouver le bruit des moteurs des caméras en lieu et place de celui des camions militaires.

Mireille pourrait se reposer dans sa propriété cannoise, elle préfère patienter à Paris, où elle loge désormais dans un appartement de quatre pièces boulevard Suchet (16ᵉ), où Tino a emménagé avec elle. Mais le chanteur corse est toujours par monts et par vaux, ne cachant pas son peu d'attirance pour la capitale.

C'est pourtant dans cette ville que tout se passe et que tout va se dénouer d'une manière ou d'une autre. Bien que comptant peu de véritables amis au sein de l'industrie cinématographique, Mireille s'efforce de se tenir au courant de ce qui s'y trame.

Dans l'attente de changements réels, elle sort dans Paris, déjeune au restaurant, rend visite à ses parents. Elle tient à vivre en temps de guerre comme elle vivait en temps de paix.

Elle reprend aussi ses activités professionnelles pour terminer *Le Dernier Refuge*, que reprend Jacques Constant. Le 4 mai 1940, elle retrouve Georges Rigaud, Saturnin Fabre, Marcel Dalio et Jean Tissier.

Mais le climat général est tout sauf serein. Partout en France, le doute grandit à mesure que l'armée allemande progresse.

Le 10 mai, en envahissant la Belgique, le Luxembourg et la Hollande, la Wehrmacht pulvérise la fausse tranquillité de la *drôle de guerre*. À partir de ce moment, tout va très vite. La ligne Maginot ne sert plus à rien et s'apprête à entrer parmi les nombreuses incongruités de l'Histoire de France. Les *feldgraus* avancent, la paix recule. Le 15 mai, les premiers uniformes vert-de-gris franchissent la Meuse, du côté de Sedan. Les forces franco-britanniques ne parviennent pas à repousser cet assaut. La progression allemande est spectaculaire. Le 11 juin, le général Weygand déclare Paris ville ouverte. Trois jours plus tard, les Allemands sont dans Paris.

Entretemps, le tournage du *Dernier Refuge* a été définitivement abandonné[1].

1. En 1946, une nouvelle production se montera autour du roman de Simenon, reprenant pour titre *Le Dernier Refuge*. Marc Maurette en assumera la réalisation et Mila Parély en sera la vedette féminine… Mais Jacques Constant n'abandonnera pas son projet. Réfugié en Argentine, il parviendra à y mettre sur pied une nouvelle production dès les premières semaines de 1941, entraînant dans cette aventure Georges Rigaud, seul « rescapé » du casting initial. La réalisation sera terminée par un autre réfugié, d'origine autrichienne, John Reinhardt. La femme fatale y sera jouée par l'actrice Mecha Ortiz. Le destin de Mireille Balin aurait peut-être changé si elle avait accompagné Constant en Argentine.

Mireille Balin ne participe pas à l'exode qui jette sur les routes de France près de dix millions de personnes, soldats et civils réunis. Avant de prendre une décision, elle préfère attendre de voir l'évolution des événements.

Les Allemands vont décider pour elle. La Gestapo réquisitionne tout l'immeuble qu'elle occupe. Mireille n'a pas d'autre choix que de partir. Elle trouve pourtant le courage de négocier avec l'occupant. Elle réclame à la fois un laissez-passer pour traverser la France ainsi que l'autorisation d'emmener sa propre voiture et de la charger jusqu'à la gueule de tous les biens qu'elle peut emporter. Les Allemands acceptent, puisque cela ne leur coûte rien.

Croulant sous les valises, les tableaux et les bibelots, le véhicule roule jusqu'à Cannes, sans être inquiété par les soldats allemands qui, pour le moment, ont d'autres chats à fouetter.

Mireille retrouve sa villa et son fiancé Tino.

En dépit de la présence nazie, le cinéma français se reconstruit rapidement. Dès juillet, toutes les salles parisiennes sont ouvertes, proposant pour leur grande majorité des reprises. Dans les studios aussi on s'affaire.

Pourtant, Mireille n'est pas pressée de renouer avec le travail, bien qu'une bonne partie des acteurs et techniciens se soit repliée autour des studios de Nice. Elle préfère attendre des propositions sérieuses au lieu de foncer tête baissée dans n'importe quel projet.

Le 24 octobre, Philippe Pétain – ci-devant maréchal, chef de l'État et soi-disant « sauveur de la France » – scelle la *collaboration* par une poignée de main, avec le chancelier Adolf Hitler. Reste à définir clairement ce terme, ce qui ne sera jamais fait.

Mireille Balin passe de longs mois à la Catari, où son fiancé la rejoint dès qu'il peut. Car il est incroyablement sollicité. Pour lui, cette période n'est en rien trouble. Au contraire, elle ne fait que renforcer sa popularité. Maurice Chevalier et Tino Rossi sont les deux chanteurs du moment, l'un apportant sa gouaille parisienne, l'autre ses trémolos corses.

Mireille et Tino continuent de faire rêver les

lectrices et les jeunes filles en fleur. Un beau couple, lit-on. Pourtant, loin des projecteurs – les sourires forcés désormais effacés – ce couple ne cesse de s'effilocher. Le temps des grandes amours est loin. Leurs goûts respectifs les éloignent, la lassitude s'en mêle. Mireille y croit encore et se force à accompagner Tino dans différentes manifestations publiques.

Le 5 juin 1941, le couple monte dans le train qui les conduit à Paris. La comédienne revient au travail avec une longue absence. Le chanteur doit se produire à l'Exposition de la France européenne. Leur arrivée à Paris est fêtée par des journalistes et des professionnels qui leur offrent œillets et roses. Mlle Balin « très chic dans un simple tailleur de petit drap beige assorti à ses cheveux roux »[1] en est émue.

Le 11 juin, elle accompagne son chanteur favori dans les locaux de Radio Paris. Tino chante quelques-uns de ses succès et participe à une grande réception en son honneur. Mireille se voit offrir

1. *Paris-Midi*, 5 juin 1941.

un bouquet de roses. Commettant une bourde, un chroniqueur radiophonique lui pose quelques questions en parlant d'elle comme de « la femme » de Rossi. Ce qu'elle n'est pas et ne sera jamais.

Le cinéma français ayant retrouvé une certaine vigueur[1], Mireille accepte de jouer dans *Fromont jeune et Risler aîné*, d'après un roman d'Alphonse Daudet qui fut déjà adapté en 1921[2]. Elle y est une intrigante qui pousse un homme à la ruine.

Le tournage se déroule en partie dans les studios de Courbevoie qui ont perdu leur éclat d'antan et, pour les extérieurs, à Louveciennes. Le réalisateur Léon Mathot conserve son optimisme et dirige une troupe qui comprend Junie Astor, Bernard Lancret, Julien Carette, Jean Servais, Pierre Larquey.

Le film ne sortira qu'en avril 1942 puis, dans une configuration élargie, en octobre.

Ne reconnaissant plus tout à fait le Paris qu'elle a

1. De l'automne 1940 à mai 1944, 225 longs métrages seront tournés en France.

2. Réalisé par Henry Krauss avec Maurice Escande et Andrée Pascal.

aimé, Mireille préfère reprendre la route et terminer l'été sur la Côte d'Azur. Tino est à nouveau présent. Plus pour longtemps.

Les querelles s'enveniment. Rossi reproche à Balin de boire trop et de mener une vie de recluse. Elle sort de moins en moins et semble se complaire à rester dans son salon en compagnie de ses chiens, d'un livre et d'une bouteille. L'actrice reproche au chanteur d'être lointain, trop souvent absent et de la tromper peu discrètement. L'ambiance n'est plus à la fête et les oreillers ne sont plus les témoins de retrouvailles enflammées.

L'amour s'est envolé, la routine pèse d'un poids chaque jour moins supportable. Tino Rossi quitte la Catari pour aller tourner le bien nommé *Fièvres*[1] dans la région de Royan. Ses adieux sont définitifs.

Le cœur de Mireille Balin est de nouveau à prendre.

1. De Jean Delannoy avec Madeleine Sologne, Jacqueline Delubac et Ginette Leclerc.

# 14

# DERNIERS ATOUTS

Bien qu'appréciant la quiétude de sa villa cannoise, Mireille n'est pas faite pour vivre seule. Elle a besoin d'amour. Elle a, donc, besoin d'un homme. Inutile de le chercher, elle sait qu'il viendra de lui-même. Tel fut le cas avec Gabin et Rossi, rencontrés et séduits à l'occasion d'un tournage. Qui sera le prochain ? L'avenir le lui dira. À condition qu'il ne perde pas trop de temps.

De retour à Paris, elle fréquente Jean Luchaire, puissant patron de presse et grand amateur d'actrices puisqu'il compte parmi ses conquêtes Marie Bell, Josseline Gaël, Yvette Lebon… Bien que marié, la fidélité n'est pas son fort. Il s'expliquera en ces termes : « La fidélité est une question de niveau. Je ne trompe pas ma femme. Je ne la tromperais que si je courtisais ma voisine de palier. Il m'est bien permis de m'arrêter parfois à d'autres étages. »[1] Sa désinvolture lui coûtera cher… La fille de Jean Luchaire, Corinne, est elle-même comédienne.

Balin est un nom qui brille au firmament du cinéma français et Mireille entend bien ne pas le ternir. Son statut n'est en aucun cas remis en question comme l'atteste *Ciné-Mondial* qui, dans son édition du 12 septembre, lui consacre une pleine page sous le titre *Dans les jardins secrets d'une étoile*.

« Mes bijoux, mes fourrures, mes robes, mon auto, ce sont des « signes extérieurs » de fortune, constate-t-elle. Rien de tout cela ne donne la vraie richesse, celle que l'on porte en soi. Le courage, l'espoir, le goût de la vie, voilà ce qui compte. Hier je n'avais rien, aujourd'hui je possède, demain je puis tout perdre. Mais le soleil est là, et la mer, et

1. Cité par Georges Oltramare dans *Les souvenirs nous vengent* (Éd. L'Autre son de cloche, 1956).

le ciel, et je reste une femme qui peut jouir comme les autres de ce qui existe pour chacun. »

Et d'ajouter :

« La chance est venue et, avec elle, la griserie du succès. J'ai profité de tout ce qui m'était offert, avec une exagération dont je ne m'apercevais pas alors. J'étais couverte de bijoux. Chacun de mes gestes allumait des reflets, dispensait des éclats. Mes oreilles, mon cou, ma robe, mes mains, mes bras scintillaient. Tout ce que j'avais était de grande valeur. Depuis les cigarettes rangées dans un étui d'or enrichi de pierreries jusqu'à mon briquet, en passant par la boîte à poudre et le rouge à lèvres. Je ressemblais à une vitrine de bijoutier, c'était atroce. Et puis, je me suis rendu compte combien tout cela manquait de vérité. »

Pour conclure :

« Être une vedette de cinéma c'est bien. Être une femme normale, c'est mieux. Je me suis ressaisie à temps. Voilà pourquoi, aujourd'hui, je peux vous parler objectivement d'une Mireille Balin qui n'existe plus et de l'autre, la vraie, celle qui court pieds nus dans le sable en levant les bras vers le soleil… »

Balin la sauvageonne ? Balin l'avide de vie, surtout et, pour le moment, Balin et son vide de vie. Car l'absence d'un homme à aimer lui pèse.

Comme d'autres, elle pourrait partir pour les Amériques et, même, retenter sa chance à Hollywood. Elle préfère rester en France. Une erreur de plus.

N'ayant été qu'une foucade pour Luchaire, elle retrouve sa liberté et son goût pour les sorties. Dans cet état d'esprit, à l'automne 1941, elle se rend à une réception donnée à l'ambassade d'Allemagne à Paris. Un libellé qui ne manque pas d'étonner. Car, bien que les nazis occupent une bonne partie de la France – dont Paris –, ils ne sont officiellement que les locataires d'un pays ne leur appartenant pas. En conséquence, pour sauver les apparences diplomatiques, ils disposent d'une ambassade dans la capitale des Gaules. Située 78 rue de Lille dans le bel hôtel de Beauharnais.

Mais que vient y faire Mireille ? L'ambassadeur teuton, Otto Abetz[1], se veut ami des arts et des

1. Officiellement chargé de la mise en place de la collaboration avec le régime de Vichy.

lettres[1]. Il aime réunir autour de lui des artistes représentant à la fois le bon goût et la qualité française – dont les Allemands sont dépourvus. D'où des réceptions qui, en ces temps de disette, font grincer des dents[2].

Or, il est difficile de se soustraire à une invitation. Car Abetz est du genre susceptible et, d'un trait de plume, il peut stopper la carrière d'un artiste. En tant que vedette du cinéma français – qui plus est très appréciée en Allemagne –, Mireille compte parmi les premières sollicitées. Sa beauté et son aura éclaireront la soirée. Songe-t-elle à refuser ? Nul ne le sait. Et elle ne le dira jamais. En revanche, il est notoire que quelques mois plus tard, en mars 1942, elle refusera de se rendre en Allemagne où de nombreux artistes seront conviés. Danielle Darrieux n'aura pas la même réaction...

1. Sa femme est une grande admiratrice de Colette.

2. La première grande réception donnée à l'ambassade date du 6 mars 1941. Otto Abetz y reçoit, entre-autres, Sacha Guitry, Marie Bell, Jany Holt, Corinne Luchaire, Gilbert Gil. Cette réception est largement couverte par la presse – plus exactement, celle qui a le droit de publier.

Mireille arrive, donc, à l'ambassade où son charme continue de briller de mille éclats. Elle ne parle que très peu l'allemand, mais découvre que la majorité du personnel manie le français, parfois avec un accent à couper à la baïonnette. Avec surprise, elle retrouve un visage connu. Celui d'un charmant jeune officier de la Wehrmacht qu'elle a rencontré lors de l'un de ses tournages à Berlin.

Il se nomme Aloïs Deissböck, mais ses amis l'appellent Birl. Lui aussi est grand amateur d'art. Sa famille a fait fortune dans la chimie en Bavière où elle a développé le mécénat. Il apprécie la France et, avant-guerre, s'était associé à une parfumerie française pour une distribution des produits en Suisse, Allemagne et Autriche.

Pour l'heure, il appartient au service diplomatique de l'ambassade d'Abetz. Il est notamment chargé d'établir des liens avec les entreprises françaises pour que leurs productions soient en priorité destinées au Reich.

Ce Birl ayant troqué l'uniforme pour un smoking, Mireille ne voit pas en lui un soldat allemand, mais un homme charmant et, qui plus est, très séduisant. Son français est parfait et sa connaissance des us et coutumes du pays de Voltaire reste impressionnante. Ils bavardent, se sourient. L'officier propose un proche rendez-vous à l'actrice. Elle ne dit pas non.

Les rares qui connaissent bien Mireille Balin savent que l'amour lui a toujours fait tourner la tête et prendre des décisions radicales. N'est-ce pas par amour qu'elle a quitté Hollywood ? Elle est désormais atteinte d'une cécité telle qu'elle ne se rend pas compte qu'en tombant amoureuse de cet officier, elle sympathise avec l'ennemi.

Car elle en tombe vite amoureuse. Cette liaison qui débute dans un cadre feutré et discret fera de plus en plus de bruit et aboutira à une forme de tragique explosion…

Mais Mireille se sent comblée : elle a un nouvel homme dans sa vie.

Voici qu'approche Noël et, comme de nombreuses vedettes, elle est invitée à exprimer ses vœux auprès du Père Noël qui, en ces temps ô combien confus, ne sait plus trop quels cadeaux distribuer.

« Vous qui avez choisi de donner sans jamais recevoir, d'être généreux sans jamais compter, ouvrez tout grand le fond de votre hotte et laissez couler la joie partout où elle a déserté, écrit-elle. Envoyez la panoplie de l'homme heureux, vous pourrez la composer avec très peu d'accessoires, vous savez. Là où vous êtes, vous trouverez plus facilement que nous ce dont nous avons besoin : un peu de ciel bleu, un rayon de soleil, et, dans sa cage dorée, allez chercher la colombe. Père Noël, la colombe de Noé[1], qui n'a pas volé depuis si longtemps. »[2]

Birl Deissböck est-il son Père Noël personnel ? En tout cas, il ne trimballe pas dans ses bagages la colombe de la paix. En contrepartie, il possède une fortune personnelle qui lui permet de mener grand train et occupe un poste qui vaut tous les laissez-passer. Il peut aller où il veut quand il veut et avec qui il veut. Personne n'oserait lui résister.

1. Dans la *Bible*, la colombe de Noé annonce la fin du déluge ; elle est devenue l'emblème de la paix.

2. *Ciné-Mondial*, 26 décembre 1941.

Surtout pas dans les hauts lieux parisiens qu'il fréquente.

Dans une forme d'inconscience que seul l'amour peut expliquer, Mireille n'hésite pas à s'afficher à son bras. Dès le 9 janvier 1942, ce nouveau couple fait sensation en se rendant à la Comédie des Champs-Élysées pour la première de *Jeanne avec nous* de Claude Vermorel[1]. Mireille y est plus belle que jamais et Birl ne manque pas de prestance dans son uniforme d'officier. L'actrice a été invitée par l'auteur qui l'a dirigée dans *Jeunes filles de Paris*, six ans auparavant.

Le couple Birl-Mireille aime fréquenter les cabarets à la mode comme le Tabarin, Chez Ève ou Chez Shéhérazade. Ne parvenant pas à récupérer son appartement du boulevard Suchet – ce qui tend à prouver les limites du pouvoir de son amant –, Mireille s'installe dans un nid douillet rue d'Iéna avec vue sur Seine.

Mais c'est dans sa ville natale de Monaco qu'elle

1. La Jeanne en question n'est autre que Jeanne d'Arc, incarnée par Berthe Tyssen, actrice d'origine luxembourgeoise.

passe le réveillon. Dans un grand hôtel, elle y retrouve Maurice Chevalier, Charles Trénet et de nombreux autres convives, dont Tino Rossi. Les bouteilles de champagne trônent sur les tables. Le passage à la nouvelle année reste une fête…

* * *

Pour le moment, sa nouvelle idylle n'éloigne pas Mireille de son métier. Elle ne manque pas de projets puisqu'elle a déjà signé quatre contrats pour l'année 1942.

Le cinéma français a pleinement redémarré. Dans des conditions spéciales, imposées par l'occupant. Les juifs ont été écartés, qu'ils se trouvent dans la production, chez les acteurs ou parmi les techniciens. Les Allemands et les pétainistes veulent prouver que l'on peut faire des bons films sans cette *racaille*, ce qui n'est pas gagné. Par *bons films*, ils sous-entendent des produits fleurant bon les eaux de Vichy. Le slogan « travail-famille-patrie » est en vigueur partout, y compris dans les salles obscures. Hors de question d'évoquer les événements récents ni la présence de soldats étrangers sur le sol français. Et encore moins la chasse aux résistants ou la pénurie de pratiquement tous les biens essentiels… Le cinématographe revu et corrigé par le nouveau régime se situe presque hors du temps. On y traite de sujets badins, de drames sans surprise et d'enquêtes policières restreintes. C'est, en quelque sorte, un cinéma aveugle. Qui refuse de voir – donc de montrer – ce qui se passe autour de lui. Ceux qui le fabriquent et ceux qui le cautionnent brandissent l'étendard *distraction*. Jamais, clament-ils, les Français n'ont eu un tel besoin de se changer les idées. Alors, pourquoi les assommer avec des films insipides ? Sur ce raisonnement branlant va se construire ce que l'on appellera par la suite *le cinéma de la France de Pétain*. Or, la France de Pétain n'étant plus tout à fait la France, son cinéma n'est plus tout à fait du cinéma.

*La femme que j'ai le plus aimée* auquel participe Mireille dès janvier 1942 suit cette orientation. Une gentille comédie construite sous forme de sketchs dans laquelle des messieurs bien sous tous rapports évoquent celles qui firent flamber leurs cœurs. Le ton est celui de la facétie légère dans laquelle Yves Mirande, grand spécialiste du genre, recycle des répliques et des situations de ses précédentes œuvres.

Mireille y joue une femme qui, pour sauver son mari de la faillite, se fait passer pour l'auteure d'une pièce. Subjugué par son charme, un directeur de théâtre accepte de produire son spectacle qui sera un triomphe. Il ne découvrira qu'au dernier moment l'identité du véritable auteur du texte…

Balin y a pour partenaires Jean Tissier et Raymond Rouleau. Toutefois, afin de conférer un éclat maximal à cette fantaisie, la production fait appel au ban et à l'arrière-ban du cinéma français. Se retrouvent au générique Arletty, Michèle Alfa, Simone Berriau, Noël-Noël, Bernard Blier, René Lefèvre, Lucien Baroux, Maurice Escande…

En mars, Mireille enchaîne avec *Dernier Atout* qui lui permet de retrouver Raymond Rouleau. Pour éviter tout rapprochement avec l'Europe, l'action se situe dans un pays imaginaire d'Amérique du Sud. Deux jeunes policiers enquêtent sur la mort d'un gangster venu des États-Unis. Énigme compliquée à souhait, car personne n'a l'air de correspondre à ce qu'il affirme être. Balin devient une soi-disant couturière, partie de Chicago, mais en réalité aventurière de haut vol. Son prénom seul sème le doute : Bella.

*Dernier Atout* bénéficie du savoir-faire de Jacques Becker dont c'est le premier long métrage. L'année suivante il tournera *Goupi Mains Rouges* qui marquera une date dans le cinéma policier français. Pour recréer une ambiance sud-américaine, il transpose son tournage autour de Nice, ce qui n'est pas pour déplaire à Mireille. Sans délaisser son intrigue, il donne de l'épaisseur à ses personnages et ne dédaigne pas les pointes d'humour.

Dans *La Vie parisienne*, le critique Jeander appréciera l'ensemble, excepté le jeu de Mireille : « Vous aimez les films d'aventure avec gangsters subtils, vamps sournoises et séduisants inspecteurs ? Bref, vous aimez le cinéma ? Eh bien, allez donc voir ce film avec lequel Jacques Becker débute dans la mise en scène par une fusillade de scènes bien nourries qui crépitent sur l'écran français qu'on croyait un peu mangé aux mites. Oh ! bien sûr, ce n'est pas du cinéma de grand luxe avec du sentiment au kilo et de la larme à l'œil au livre. Mais c'est du bon petit cinéma nerveux, adroit et bien équilibré. [...] Quant à Mireille Balin, elle est une fois de plus inférieure à la tâche qu'on lui a confiée. Cette artiste, qui est évidemment jolie, a constamment l'air de débuter dans chacun de ses films. À la longue, ça devient agaçant. »[1]

Mireille reste dans le monde du polar avec *L'assassin a peur de la nuit*, réalisé par Jean Delannoy qui continue de l'apprécier. Elle y est Lola, maîtresse d'un cambrioleur joué par Jean Chevrier. Une Lola qui est aussi la véritable meurtrière du fourbe personnage incarné par Jules Berry.

La principale particularité de ce film est son tournage en zone libre ; en particulier à Biot et Tourrettes-sur-Loup. Mireille en profite pour faire découvrir la Côte d'Azur à son amant Birl qui troque son uniforme pour une tenue plus civile. Les amoureux s'épanouissent dans la villa cannoise.

1. Édition du 16 septembre 1942.

Cette œuvre policière ne manque pas d'efficacité et Jacques Audiberti est impressionné par la prestation de Mireille : « L'agonie de Mireille Balin est une véritable agonie, d'un naturalisme médical comme on en voit rarement au cinéma. »[1]

En juin suit *Haut-le-vent*, réalisé par Jacques de Baroncelli aux studios des Buttes-Chaumont. Avec Charles Vanel. Une œuvre ancrée dans l'air du temps puisqu'elle prône les vertus du retour à la terre – comme ne cesse de le préconiser le régime de Vichy. Le titre initial en était d'ailleurs *Air natal.*

Des Basques reviennent d'Amérique du Sud, où ils ont fait fortune, pour s'occuper du domaine familial qui périclite. Redécouvrant les vertus du terroir français, ils décident de ne plus quitter ce beau pays.

« En attendant que le décor soit prêt, Mireille Balin parachève dans sa loge un savant maquillage. Elle est plus séduisante que jamais sous une chevelure d'un roux ardent qui semble capter tout ce que l'étroite cabine comporte de lumière », note

1. *Comedia*, 12 septembre 1942.

un journaliste de *Ciné-Mondial*[1] en visite sur le plateau.

En octobre, Mireille continue de sacrifier à sa vie mondaine, mais sans son amant. Elle est présente à un cocktail organisé par Suzy Solidor pour son centième portrait. En effet, cette chanteuse est l'une des égéries des peintres de Montmartre et d'ailleurs[2]. Une réunion typiquement parisienne.

L'année 1942 touche à sa fin. Pourtant Mireille n'en a pas terminé avec ses prestations devant les caméras.

Elle revient à Macao.

Plus exactement, elle est invitée à rejouer des scènes de *Macao, l'enfer du jeu* qui s'appelle désormais *L'Enfer du jeu*. En effet, la sortie du film a été interdite par les autorités allemandes. En cause : la présence d'Erich von Stroheim, considéré comme un traître à sa patrie autrichienne. La maison de production, refusant de jeter ce produit

1. Édition du 12 juin 1942.

2. Van Dongen fut le premier à peindre son portrait, rapidement suivi par Utrillo, Picabia, Foujita, Cocteau, etc.

aux orties, décide de refaire toutes les scènes dans lequel Erich apparaissait. Il est remplacé par Pierre Renoir.

Personne ne s'insurge contre cette modification soudaine et la plupart des acteurs se prêtent de bonne grâce à ces *retakes*[1], comme si l'infamie visant von Stroheim était normale. Les critiques feront de même[2].

Pour une scène, Mireille doit être violemment giflée par Pierre Renoir. Craignant la force de son partenaire, elle demande à être remplacée. C'est un homme qui vient revêtir ses vêtements pour subir l'avoinée. Il en ressort avec la joue enflée !

En décembre, Mireille joue dans *Malaria*, film d'aventure colonial dont le cadre est une brousse tropicale reconstituée en studio. Elle y est la femme d'un colon qui, vivant dans l'ennui et dans la crainte de la malaria, s'éprend d'un fringant lieutenant.

Mireille Balin ne risque pas d'être absente des

1. Comme disent les Américains.

2. Après la guerre, les scènes avec Erich von Stroheim seront réintégrées et la version avec Renoir sera définitivement oubliée.

écrans. Les films auxquels elle a participé sont souvent projetés au cours d'une même période, laissant aux spectateurs le choix entre deux ou trois titres. Découvrir ou revoir *un* Balin est quotidiennement possible.

Il est temps de mettre un terme à cette frénésie. Elle en a assez du cinéma. Plus de vingt-cinq films en moins de dix ans, elle trouve cela suffisant. Elle a besoin de s'accorder une longue pause.

Qui s'avérera beaucoup plus longue que prévu.

# 15

# CIBLES DE CHOIX

1943 est une année de transition.

À Casablanca, Churchill et Roosevelt programment deux débarquements : l'un en Italie, l'autre en France. À Stalingrad, l'armée allemande est, pour la première fois, mise en échec, et se trouve contrainte d'accepter une reddition. Les bombardements alliés s'intensifient sur l'ouest de l'Europe. Les Allemands continuent leur politique de main de fer, envoyant les juifs dans les camps de la mort, brûlant le quartier du Vieux-Port à Marseille, massacrant les résistants considérés comme des *terroristes.* Plus la pression alliée se fait sentir plus la répression allemande se durcit.

En dépit d'une traque sanglante et permanente, la Résistance s'organise de mieux en mieux. Elle bénéficie du soutien de Londres. Là-bas, de l'autre côté de la Manche, on exhorte les bons Français et on vilipende les collabos. Radio Londres commence à dresser des listes des artistes qui auront des comptes à rendre quand sonnera le grand jour, celui de la Libération. Sacha Guitry figure parmi les cibles principales. Maurice Chevalier le suit de près. On leur reproche d'avoir chanté ou joué devant des Allemands. Certaines actrices ne sont pas épargnées. Leurs cas sont plus graves : elles ont couché avec l'occupant ! Ce que l'on appellera plus tard, avec une fausse pudeur, la *collaboration horizontale*. Arletty est de celles-là. Ainsi que, bien entendu, Mireille Balin. Et d'autres, dont Mary Marquet, Corinne Luchaire, Charlotte Lyses, Germaine Lubin…

Car la liaison de Mireille avec Birl Deissböck est désormais connue du Tout-Paris et a, assez logiquement, fuité jusqu'à Londres à la vitesse de l'éclair. La concernée commence à réaliser la situation. Elle craint un acte sanglant. Elle sait qu'elle peut être abattue à tout moment dans Paris par un résistant exalté. Morte non pour la France, mais pour l'exemple.

En conséquence, elle préfère se réfugier dans la sécurité de sa villa cannoise. Où elle espère retrouver une forme d'anonymat, comme si les habitants de la Côte d'Azur tenaient moins compte de ses frasques amoureuses. Elle se trompe lourdement. Son retour ne passe pas inaperçu, pas plus que la présence de Birl qui s'efforce pourtant de rester discret. Les murs de Catari sont souvent ornés de slogans hostiles qu'il faut effacer au plus vite. Le couple évite de se montrer et préfère rester enfermé derrière les hauts murs de la propriété.

Nul besoin d'être un fin analyste pour comprendre que le Reich glisse sur une pente descendante. Conclusion à laquelle aboutit Birl : l'empire qui devait durer mille ans se retrouve déjà au bord du gouffre. Sa lucidité est une force, mais son amour est une faiblesse. Sentant le vent tourner, il serait préférable pour lui de repartir au plus vite dans sa Bavière chérie. Là, il serait protégé et ne risquerait absolument rien. Il n'a commis aucun crime de guerre, n'a participé à aucune exaction. Un soldat parmi des milliers d'autres. Il pourrait même y emmener Mireille, qui s'y retrouverait elle aussi sous protection.

Pourquoi ne le font-ils pas ?

Pourquoi tiennent-ils obstinément à rester en France ?

Balin ne s'en expliquera jamais, car elle restera peu bavarde sur cette partie de sa vie. Un millier de kilomètres les séparent de cette Bavière salvatrice. Une route certes compliquée, mais relativement protégée en passant par l'Italie toute proche ou par la Suisse.

Il semble que, pour le couple, fuir résonnerait comme un aveu de faiblesse, voire de trahison. Mireille refuse d'être soupçonnée de lâcheté. Elle se déclare prête à affronter ses accusateurs. Birl la soutient. Ils projettent même de se marier pour prouver que leur amour est aussi sincère que solide. L'amour plus fort que la haine ? Cela reste à prouver.

La grande question plane : que risquent-ils à

rester en France ? Plus ils y réfléchissent, moins ils disposent de réponses. Certes, la Résistance voudra faire un exemple avec eux. Mais faire quoi ? Ils n'ont commis aucun autre crime que celui de s'aimer et ce crime-là ne figure dans aucun texte de loi. Mireille Balin interdite de tournage ? Elle accepte d'affronter une telle sentence. Mais à trop se poser de questions, les deux amants hésitent, tergiversent, réfléchissent… et perdent du temps. Le Reich est vacillant, mais pas encore exsangue. *Demain est un autre jour*, comme on dit du côté de Tara[1].

Une année s'écoule ainsi. Désireuse de se faire discrète – voire de se faire oublier –, Mireille disparaît des radars donc des journaux. La presse subit les restrictions et de nombreux quotidiens et magazines ont, momentanément, suspendu leurs activités. Et les rares survivants oublient d'évoquer celle qui, quelques mois auparavant, était encore l'objet de toutes les attentions. Fin mars 1944,

1. Nom de la maison de Scarlett O'Hara dans *Autant en emporte le vent*.

Mireille Balin est attendue à la troisième *Nuit du Cinéma* organisée au Gaumont Palace à Paris, au profit du Secours National. Elle ne s'y rend pas.

Les événements se précipitent.

Le 6 juin, les Alliés débarquent en Normandie. Les Allemands ne parviennent pas à stopper leur progression. Il est encore temps pour l'officier Deissböck de partir. Il n'en a plus envie. Au lieu de viser son Allemagne souffreteuse, il préfère envisager l'Amérique triomphante. Son idée est de se mettre au service de l'armée américaine. Une forme de trahison, bien sûr, mais, surtout, une porte de sortie. Les Alliés vont devoir gérer des milliers de prisonniers nazis et quelqu'un qui manie plusieurs langues comme Deissböck pourrait se révéler très utile. Birl entame des pourparlers en ce sens.

Les Alliés continuent leur avancée. Le 19 août débute la libération de Paris. Lorsque les combats cessent, la liesse éclate et, avec elle, une forme d'hystérie collective. Les femmes soupçonnées d'avoir *couché avec l'Allemand* sont traînées dans la rue, rasées en public et, pour certaines d'entre elles, lapidées. Leurs cadavres sont abandonnés en différents coins de la ville, provoquant le dégoût des rares à n'avoir pas cédé à la folie meurtrière. Paris révèle un nouveau visage fait de haine et de vengeance, la France entière ne va pas tarder à la suivre. On estimera qu'au moins quarante mille personnes seront sommairement exécutées durant la période de l'épuration…

Mireille découvre ces atrocités et commence à prendre peur. Quel sera son traitement ? Il n'est plus question d'une simple suspension de travail ni même d'un blâme, mais de violences sans retenue.

Le 23 août, Sacha Guitry, symbole de la collaboration artistique, est arrêté en son domicile. Il restera emprisonné soixante jours… et soixante nuits. Dans les journées à venir, d'autres noms vont alourdir la liste des « suspects » : Mary Marquet, Milly Mathis, Arletty, Roger Duchesne…

Le 3 septembre, Birl entrevoit enfin une opportunité. Les troupes américaines entrent dans Monaco, chassant les derniers soldats allemands. Il établit un contact avec Émile Roblot qui, depuis 1937, occupe le poste de Ministre d'État – équivalent de chef de gouvernement – au sein de la principauté. Bien qu'officiellement choisi par le prince, il est placé là par la France, qu'il représente peu ou prou. Birl lui demande d'intercéder en sa faveur auprès des Américains. L'affaire suit son cours. L'officier de la Wehrmacht reste optimiste. Mireille l'est moins.

Tout bascule quand les résistants communistes s'installent à Monaco. Pour eux, cet endroit symbolise tout ce qu'ils détestent, à commencer par l'opulence et la sécurité. Ils se lancent dans une épuration très dure qui passe au crible presque la totalité des habitants. Roblot est invité à quitter ses fonctions et le prince Louis II lui-même craint pour sa propre sécurité. La vengeance de ces soi-disant *représentants* du peuple est terrible et peut même se révéler sanglante. Cela pue les relents de Révolution française. Des têtes risquent de tomber.

Le 14 septembre, Birl et Mireille estiment plus raisonnable de quitter la villa Catari. Ils savent qu'une véritable traque aux collabos écume désormais toute la région et que leur adresse est connue. Malheureusement, il est déjà trop tard pour fuir. Les routes sont surveillées et le couple risque de se faire prendre au premier virage.

Le 27 septembre, l'officier allemand et sa compagne actrice française sont arrêtés[1].

* * *

Le lendemain, de nombreux quotidiens relatent l'événement :

« Mireille Balin est internée après son arrestation à Beausoleil où on la trouva dans une cave en compagnie de son amant, le diplomate allemand Birl Desbok[2] », écrit *Ce soir*.

« La vedette de l'écran Mireille Balin a été arrêtée dans une cave à Beausoleil avec son amant, le diplomate boche Birl Desbok », informe *L'Humanité*.

1. Par une étonnante coïncidence, ce même jour un mandat d'arrêt est lancé à l'encontre de Raymond Patenôtre, accusé d'avoir cédé l'un de ses titres (*L'Auto*) aux Allemands et d'avoir fait emprisonner le directeur du *Petit Marseillais*.

2. La confusion sera fréquente, le nom de famille de Birl sera orthographié de bien des façons différentes.

« La vedette de cinéma Mireille Ballin[1] a été arrêtée en compagnie de son amant, Birl Desbok, haute personnalité du IIIe Reich, dans sa cachette de Beausoleil, près de Monte-Carlo », note *Combat*.

*France-Soir* attendra le mois d'octobre pour évoquer cette arrestation et le fera avec un certain dédain, faisant un détour par le Sporting Club de Monaco : « Le Sporting ne verra plus Mireille Balin. D'abord parce qu'il est fermé, ensuite parce que la vamp française a été arrêtée par les FFI. »[2]

L'image est éloquente : un couple terré dans une cave comme des rats. Espérant échapper à toute sentence. Mais c'était compter sans la ténacité des résistants qui les ont débusqués avec courage et détermination. On frôle l'imagerie d'Épinal.

Voilà ce que l'on essaie de faire croire. Voilà ce que l'on clame et que les journaux répercutent, sans prendre soin d'effectuer la moindre vérification. C'est, en quelque sorte, le communiqué officiel émanant des communistes en poste à Monaco.

1. Avec deux *l* !
2. Édition du 7 octobre 1944.

Tout y est : la veulerie et la lâcheté d'un côté, l'opiniâtreté et le courage de l'autre. Les amants maudits face aux glorieux combattants. La lutte était inégale.

La réalité est toute autre.

Mireille Balin a été violée par plusieurs hommes au cours d'un simulacre d'arrestation puis jetée en prison à Nice. Elle n'était pas cachée, pas terrée dans une cave. Elle était prête à faire face à son sort, sans imaginer un seul instant vers quelles horreurs celui-ci allait l'entraîner.

Mais les journaux n'ont que faire de cette vérité. Ils n'ont pas le temps de vérifier ce genre d'informations. Si le communiqué plus ou moins officiel leur affirme que Mireille Balin a été arrêtée dans une cave, ils le croient sur parole et relayent l'information. De toute façon, pour eux – comme pour bon nombre de Français qui se sont contentés de survoler les nouvelles – Mireille Balin est coupable. La justice ne fera que confirmer cette certitude.

Encore faut-il qu'il y ait un procès…

## 15

## DÉTENUE

Dans la prison de Nice, Birl est interrogé sans ménagement. Comme tout soldat de la Wehrmacht, il soutient qu'il est patriote, mais non partisan. En tant que militaire, il a servi son pays sans jamais s'avilir à des actes odieux.

Les résistants ne disposent d'absolument rien contre lui. Cet officier ne semble avoir participé à aucun combat ni à aucune traque contre les juifs ni contre les *terroristes*. Aucune plainte contre lui ; aucune dénonciation. Son dossier est vide. Cet homme n'est qu'un pion sur un gigantesque échiquier et le fait qu'il appréciait passer ses soirées dans des cabarets parisiens ne saurait lui être incriminé.

Deissböck est rapidement relâché. Comme prévu initialement, il se rapproche de l'armée américaine qui accepte son aide, pour ne pas dire sa collaboration. Il suit l'avancée des troupes en Italie puis à la fin de la guerre se rapproche de la DST française.

Mireille, de son côté, n'est pas interrogée. Sa culpabilité est flagrante puisqu'elle a été arrêtée en compagnie de son *schleu* d'amant. Pour faire mine de la rassurer, on lui affirme qu'elle subira un procès équitable sur les bases d'une instruction menée par un juge compétent. Compte tenu de ce qu'elle vient de subir, elle a du mal à y croire.

Mais ce genre d'affaires ne se traite pas à Nice. Il ne peut qu'être diligenté à Paris où, là-bas, on a l'habitude de cette drôle d'engeance que sont les artistes. On leur reproche, pêle-mêle, d'avoir participé à des films financés par les Allemands, de s'être produits sur scène face à des Allemands, d'avoir sympathisé avec les Allemands, voire, dans le pire des cas, d'avoir couché avec des Allemands. Plus d'un millier de dossiers passe ainsi entre les mains d'une justice un peu trop expéditive, pendant que, dans le même temps, un comité d'épuration[1] se met en place au sein du cinéma français, décidant du sort de la totalité du personnel sur des critères incroyablement flous.

Mireille est expédiée à la prison de Fresnes.

De nombreux acteurs, réalisateurs, écrivains et même chanteurs sont ou vont passer par cet endroit. Mireille apprend que Tino Rossi l'a précédée. Il n'est resté que quelques jours et en est ressorti la tête haute avec des excuses officielles du gouvernement. Elle craint de ne pas être traitée avec les mêmes égards.

Fresnes est une authentique prison, avec des cellules et des barreaux. Les visites y sont interdites. Quand la porte s'ouvre, c'est soit pour aller affronter un juge d'instruction soit pour rencontrer les balles d'un peloton d'exécution. Car les condamnations à mort sont vite traitées. Pas de temps à perdre. Quitte à commettre quelques erreurs et fusiller des prisonniers dont le sort judiciaire n'a pas encore été scellé.

1. Sous le nom de Comité de Libération du Cinéma français.

La population carcérale y est éclectique. S'y côtoient hommes politiques, militaires, journalistes, comédiens, écrivains, industriels, magistrats, commerçants, etc.

Les conditions d'hygiène sont très en dessous des minimas autorisés ; avec profusion de punaises dans les paillasses. La nourriture y est infecte.

Même si les détenues ont le droit de fréquenter la salle commune, les journées paraissent interminables.

« Je me souviens d'avoir marché dans ma cellule, en diagonale, pendant des heures et des heures – jusqu'à ce que mon voisin d'en dessous me fît supplier de m'arrêter de temps à autre, écrira Sacha Guitry. Si vous saviez ce qu'on peut faire de chemin dans un cachot de quatre mètres ! Et d'autant plus d'ailleurs qu'on revient sur ses pas. »[1]

Mireille finit par affronter son juge. Lui sont reprochés plusieurs faits d'importances diverses : avoir – avec Tino Rossi – participé à des émissions de Radio Paris qui n'était rien d'autre qu'une radio

1. *Soixante jours de prison* – Éd de l'Élan, 1949.

de propagande nazie ; avoir joué dans un film de propagande financé par les nazis et les fascistes, *Les Cadets de l'Alcazar* ; avoir fréquenté d'un peu trop près l'occupant.

La première accusation ne tient pas debout. Elle ne faisait qu'accompagner un chanteur en vogue.

La deuxième fait long feu. Une actrice ne pèse que peu de poids dans un film. De plus, celui-ci n'a jamais été diffusé en France.

La dernière ne peut être niée. Et Mireille ne cherche pas à le faire. Elle plaide l'amour. Tout simplement. Trop simplement.

Les jours, les mois se succèdent. Mireille rencontre de moins en moins son juge qui lui pose des questions sans lien avec son affaire. A-t-elle dénoncé des juifs ? A-t-elle profité de sa position pour détourner des biens ? Etc. Il est évident que le dossier est vide. Il ne contient que quelques rares témoignages de personnes qui affirment avoir vu Mlle Balin au bras d'Herr Deissböck, ce qu'elle ne nie absolument pas. Le cœur du sujet dévie de sa liaison à ses *frasques*, c'est-à-dire à ses sorties dans de beaux endroits alors que la France se mourait.

Faut-il condamner tous ceux qui ont fréquenté les cabarets et les restaurants ?

Mireille n'est pas qu'une présumée coupable, elle est aussi une victime. Elle explique au juge les conditions de son arrestation. En homme de loi, il ne peut pas être insensible à cette exaction. Il sollicite des rapports auprès des médecins des prisons de Nice et de Fresnes qui lui confirment qu'ils ont reçu une prisonnière dans un état physique déplorable. Une enquête est diligentée. Elle mènera à l'arrestation des violeurs et à leur condamnation[1]. La justice française retrouve un éclat que le régime de Vichy lui avait arraché.

C'est un maigre soulagement pour Mireille, qui ne fera jamais le moindre commentaire.

Dans la presse, nul ne s'intéresse au sort de cette ex-grande vedette de cinéma. Pire : elle est comme rayée des colonnes. Une disparue de l'histoire du cinéma comme dans la Russie de Staline. Comme si elle n'avait jamais existé. Ainsi quand *Ciné-Miroir* – qui a pourtant publié moult

1. Dix-huit ans de travaux forcés.

reportages et interviews sur elle – propose un numéro spécial évoquant le cinéma français des quatre dernières années (donc de l'Occupation), ne s'y trouve pas un mot sur cette actrice qui a participé à une demi-douzaine de films. Rien ! Le vide absolu. Condamnée à disparaître avant même d'être passée en jugement.

L'année 1944 poursuit son inexorable cheminement. Pendant que la France et une partie de l'Europe se libèrent, Mireille Balin reste en prison. Pour elle, c'est Noël aux barreaux.

Pourtant, le 27 décembre, trois mois jour pour jour après son arrestation, elle apprend qu'elle est libre. Il n'y aura pas de procès. La justice française n'a rien à lui reprocher. Son dossier est définitivement refermé avec un bruit qui lui arrache le cœur et réveille ses souffrances. Tout ça pour ça ?

Rares sont les journaux à rapporter ce fait.

*Franc-Tireur* : « Après cent jours d'internement, la vedette de cinéma Mireille Balin a été rendue à la liberté. Le juge d'instruction n'avait rien retenu des accusations portées contre elle, et elle a pu prouver qu'elle était victime… d'une aventure sentimentale. »

*Ce soir* : « Après trois mois d'internement, Mireille Balin a été libérée. Le juge d'instruction n'a retenu aucune des accusations portées contre elle. »

Quelques lignes perdues dans de longues colonnes. Qui s'intéresse au sort de cette femme ? Et puis pourquoi se tourner vers le passé ? L'avenir du cinéma paraît autrement plus important. Marcel Carné vient de terminer *Les Enfants du paradis*, Jean Delannoy envisage de tourner *La Princesse de Clèves* sur une adaptation de Jean Cocteau, Robert Bresson se consacre aux *Dames du bois de Boulogne*, Christian-Jaque prépare *Boule de suif* d'après Maupassant et Marcel Lherbier rêve de porter la vie de Molière à l'écran.

Tout va bien.

# 16

# OMBRE ET SUNLIGHTS

À sa sortie de prison, Mireille Balin doit se refaire une santé. Tant sur le plan physique que moral. Elle a tellement maigri, a le visage tellement creusé qu'elle ressemble presque à un zombie. Bien malin qui pourrait reconnaître, dans cette épave, la flamboyante actrice des années 30 et 40. Mais, de toute façon, plus personne ne s'intéresse à son sort.

Si elle fut étonnée de ne recevoir que quelques lettres éparses et de rares soutiens lors de sa détention, elle comprend vite, une fois dehors, qu'elle est devenue une paria. Son crime – qui n'en est pas un puisque la justice n'a retenu aucune charge contre elle – l'éloigne à jamais, frappée du sceau de l'infamie, comme la Milady des *Trois Mousquetaires*. Son impresario l'abandonne, ses contacts dans le métier l'oublient. Alors que, soutenue par ses amis, une Arletty reconstruit peu à peu sa carrière[1] et reprend la route des studios, Mireille est laissée sur le côté.

Où sont-ils les camarades, les presque cousins de cette grande et belle famille qu'est le cinéma français ? Où sont-ils les producteurs, toujours heureux d'avoir une Balin à leurs génériques ? Où sont-ils les journalistes avides de broder autour de « la vie merveilleuse de Mireille Balin » pour éblouir leur lectorat ? Tous éparpillés aux quatre vents, dispersés au premier coup de semonce ; faisant justice mieux que dans les palais, condamnant une femme pour ce qui n'est ni un crime, ni même un délit. Condamnée à l'indifférence, au rejet, voire au dégoût. Condamnée à l'oubli sans laisser à aucun moment à la non-coupable l'occasion de plaider sa cause. Sans laisser non plus la possibilité à la victime d'un viol collectif de rapporter sa version

1. Mais uniquement dans de seconds rôles.

des faits... Les gens raisonnables devraient prôner l'équité. Mais où sont-ils les gens raisonnables dans cette France de lendemain de guerre ?

Pour Mireille, les chocs vont se succéder. D'abord celui de son appartement parisien. Elle espérait y retrouver un havre de paix, elle débarque dans un endroit dévasté, saccagé. On lui a tout volé et on a détruit le reste. Qui ? Elle n'en aura jamais la réponse, la police refusant de mener une enquête ; elle est déjà suffisamment débordée.

Dans cette mise à sac, elle retrouve quelques affaires à peu près intactes qu'elle s'empresse de vendre. Car sa banque ne lui est d'aucune aide. Alors qu'aucun jugement n'est tombé, ses biens lui ont été confisqués. Compte en banque et coffre-fort vidés.

Elle revoit occasionnellement Birl, toujours entre deux voyages tant ses nouvelles fonctions l'accaparent. Il lui conseille de se retirer à Cannes où sa villa tient encore debout même si elle a subi des visites peu désirées. Ils sont devenus amis plus qu'amants. Leur amour n'a pas résisté au choc violent de leur arrestation. Les rencontres seront de plus en plus espacées avant de s'évanouir dans les brumes d'un adieu jamais prononcé.

Mireille préfère rester à Paris. Elle craint que se réfugier dans le Sud ne l'éloigne davantage du cinéma français dont elle a tant besoin. Car elle croit encore en son avenir à défaut de croire à sa bonne étoile. Hélas, les rares producteurs qui acceptent de la recevoir n'y vont pas par quatre chemins : le public – très au courant de ses *erreurs*, d'après eux – n'a plus aucune envie de la voir sur un écran. Malgré elle, Mireille est devenue le symbole de la collaboration horizontale. Pendant que la France était exsangue, pendant que des milliers de mères de famille brûlaient leur énergie pour trouver de quoi nourrir leurs enfants, elle menait la grande vie à Paris et, comble de tout, ouvrait son lit à un officier allemand. Elle n'est donc pas à plaindre, estime-t-on en haut lieu. Elle paye une facture que personne ne lui a jamais présentée.

Selon ce raisonnement, Mireille serait condamnée par ces milliers d'anonymes… qui ne savent rien de la vérité des faits. Même les journalistes refusent de l'interviewer. Mais oseraient-ils l'écouter ? Accepteraient-ils d'admettre qu'elle n'a agi que par amour et que, comme chacun sait, l'amour est aveugle. Il a rendu Mireille aveugle aux tourments véritables de l'Occupation. Elle ne fut pas la seule. Ils furent des milliers à vivre en marge d'une réalité et, pour certains, à en profiter pour s'enrichir. Tous ne passèrent pas devant les tribunaux. Et ceux qui en sortirent blanchis, sans aucune accusation, purent reprendre vaille que vaille leur vie en mains. Pas Mireille. Elle paye parce qu'elle disposait d'atouts que beaucoup lui enviaient : la beauté et la célébrité.

Pour s'en sortir, elle devrait changer de métier, changer d'identité, changer de pays aussi. Elle s'y refuse. Mireille Balin restera Mireille Balin jusqu'au bout, femme de caractère prête à assumer les élans de son cœur. De plus, sa santé plus que fragile lui interdit de travailler au quotidien. Elle a besoin de repos.

L'année 1945 glisse entre doute et désarroi. Pas l'ombre d'un contrat à l'horizon et Birl qui s'éloigne de plus en plus, se muant en un fantôme qu'elle ne croise qu'en de rares occasions.

Est-elle au courant du sort de Victor Young Perez, ce jeune boxeur dont elle fut amoureuse ? Probablement pas. Arrêté en septembre 1943, il a été déporté à Auschwitz. Il parvint à survivre jusqu'à l'évacuation du camp. Il mourut dans des conditions mal définies en janvier 1945 lors d'une longue marche[1].

La combattante Mireille ne parvient pas à recouvrer ses forces. Au contraire, elle sombre. Dans l'alcool, qui fut longtemps son compagnon des jours heureux et qui devient l'acolyte de son malheur. Dans la drogue, dont elle avait déjà apprécié les effets, mais auprès de laquelle elle va puiser de plus en plus pour échapper à la tristesse de son quotidien. Et dans le jeu. Elle qui affirmait crânement – du temps où elle était avec Tino Rossi – qu'elle détestait jouer de l'argent – ce qui était un peu faux – s'adonne désormais régulièrement à ce coûteux passe-temps.

Dès qu'elle descend sur la Côte, elle vient hanter

1. « Le môme des faubourgs de Tunis, qui aura permis aux Parisiens de passer de si bonnes soirées de boxe, restera le plus méconnu des champions du monde français. » écrira Guy Bénamou (*Les Grands de la boxe* – PAC, 1978).

ces endroits clinquants où la détresse s'estompe, comme absorbée par les dorures. Le Palm Beach de Cannes, tout proche, lui tend les bras. Son faste lui rappelle sa vie d'antan. Elle y trompe son ennui tout en tuant le temps qui est devenu son ennemi. Elle passe de la table de baccara à celle du 30 et 40 avant de terminer son périple par la roulette.

Mireille ne quitte jamais l'alliance que lui a offerte Birl. Même s'ils ne se sont jamais mariés.

Parfois – rarement – des curieux sont intrigués par la présence de cette femme au visage marqué qui ne manque pourtant pas d'élégance, mais sur laquelle on ne parvient plus à coller ni un âge ni un nom. Se glisse toujours une bonne âme pour répondre à leur étonnement :

– Comment ? Vous ne l'avez pas reconnue ? Mais c'est Mireille Balin !

Cette vie en marge l'aide-t-elle à remonter la pente ? En tout cas, elle retrouve progressivement du poil de la bête. Après une quasi-disparition d'un an et demi, elle décide de repartir à la conquête du cinéma. À la fin de l'été 1946, elle remonte à Paris pour… s'y faire voir !

Elle connaît bien les règles du microcosme cinématographique. Elle sait qu'absences et éloignements se payent cher. Loin des yeux, loin des caméras. La presse refuse de s'intéresser à elle alors que plusieurs de ses films – dont *Marie des angoisses*, *Pépé le Moko*, *Vive la compagnie*, *Naples au baiser de feu* et *Le Roman d'un Spahi* – réapparaissent dans les salles. Mireille trouve le courage de participer à des manifestations réunissant le Tout-Paris et, surtout, le Tout-Cinéma.

À la mi-septembre, elle assiste à la représentation d'un grand cabaret parisien qui lance la saison des spectacles. Andrex et Nina Raya – fraîchement séparée de Maurice Chevalier – sont sur scène. Marcel Cerdan, le couple Gisèle Pascal-Yves Montand, Jacqueline Gauthier, Georges Ulmer et beaucoup d'autres sont dans la salle.

Quelques jours plus tard, elle redescend à Cannes pour être présente à l'ouverture du Festival, premier du nom. Une ouverture marquée par un bal donné au Grand Hôtel, transformé pour la circonstance en palais des mille et une nuits. Mireille a la joie d'y retrouver son ami Erich von

Stroheim. Sont également présents Gaby Morlay, Jean-Pierre Aumont, Viviane Romance, Renée Saint-Cyr, Maria Mauban, Maria Montes.

À trente-sept ans, Mireille veut faire passer le message qu'elle n'est pas finie, loin de là.

Mais la presse ne la suit pas dans cette reconquête. Elle continue de refuser de parler d'elle. Tout de même, en réponse à un lecteur, *Ciné-Miroir*[1] précise de manière laconique: «Josseline Gaël et Mireille Balin ne tournent pas en ce moment, car elles sont «épurées»...» Cela ne veut rien dire, mais sous-entend que Mlle Balin a commis de lourdes fautes.

Heureusement, Léon Mathot, son réalisateur de *Rappel immédiat* et de *Fromont jeune et Risler aîné*, la contacte. Il prépare un drame exotique, *La Dernière Chevauchée*, dont il veut lui confier le principal rôle féminin. Le casting se composera de Jacques Dumesnil, Paulette Dubost et Pierre Cressoy.

Le retour sous le feu des projecteurs. Enfin!

Le tournage débute en octobre. Toute l'équipe

1. Édition du 8 novembre 1946.

prend le bateau pour Casablanca, car les prises de vue se concentrent autour de Meknès et Marrakech.

« Il est temps que la France sache tirer profit des possibilités énormes qu'offre le Maroc pour la production cinématographique, sinon nous nous verrions supplantés par nos amis américains et anglais qui ont bien saisi l'importance du Maroc au point de vue cinéma »,[1] tance le général Théry, qui représente les autorités locales.

Les dernières prises de vue de cette *Dernière chevauchée* se font sur la Côte d'Azur.

Mireille y joue une femme qui épouse un riche propriétaire terrien par intérêt, mais, face à son courage et sa probité, tombe vraiment amoureuse de lui. Hélas, il est trop tard. Convaincu, à tort, que sa femme le trompe, l'époux va chercher à se débarrasser d'elle…

Mireille doit récupérer sa place. Car elle ne compte désormais plus parmi les grandes vedettes du moment. Au firmament trônent Gaby Morlay, Edwige Feuillère, Madeleine Sologne, Micheline

1. *La Cinématographie française*, 16 novembre 1946.

Presle, Maria Casarès… Néanmoins, son prestige reste important et son nom figure en haut de l'affiche à côté de celui de Dumesnil.

Le film est attendu pour l'été 1947. Mireille mise beaucoup sur lui. Elle semble avoir oublié que Mathot n'est pas un grand réalisateur. Hormis, peut-être, *Chéri-bibi* avec Pierre Fresnay, ses films ont peu marqué les esprits. Et ni *Bouboule 1^er^, roi nègre* ni *Aloha, le chant des îles* ne changèrent la donne.

Du côté du Maroc – où cette production est présentée en avant-première – on applaudit peu, mais on défend l'essentiel : « L'histoire est banale, très quelconque en elle-même. Elle n'en dégage pas moins une certaine puissance, une puissance faite, certes, de mille détails de la vie quotidienne que les habitants de nos régions connaissent bien et que M. Léon Mathot, metteur en scène, et Léopold Gomez, scénariste, se sont efforcés de conserver avec un tact digne d'éloges. »[1]

1. *Maroc-Matin*, 13 avril 1947. Dans ce même article, le journaliste local – très féru de cinéma – évoque la présence de Mlle Mireille *Malin*.

Dans le Nord, on apprécie, mais non sans réserve : « Voici un film signé Léon Mathot. Notre grand metteur en scène possède assez de classe pour produire une œuvre intéressante. Aussi, malgré certaines imperfections matérielles, malgré aussi des longueurs et des situations mélodramatiques assez invraisemblables, on peut dire que *La Dernière Chevauchée* est une réussite. »[1]

À Paris, le chroniqueur de *Ce Soir*[2] avoue qu'il a failli s'endormir devant cette « sombre histoire ultra mélodramatique cent fois revue et jamais corrigée » et trouve Mireille Balin « moins photogénique que jamais ».

*La Dernière Chevauchée* n'est pas un échec. Mais ce n'est pas un triomphe. Il réussit le score honorable de 1,5 million de spectateurs[3] ; insuffisant pour intégrer le Top 60 de l'année, marquée

1. *La Croix du Nord*, 10 septembre 1947.

2. Édition du 24 août 1947.

3. Il fait jeu égal avec un autre mélodrame, *Le Bateau à soupe* de Maurice Gleize, qui compte Charles Vanel et Lucienne Laurence pour vedettes.

par les triomphes de *Bataillon du ciel*[1], *Monsieur Vincent*[2] et *Quai des Orfèvres*[3].

Le résultat paraît, en tout cas, insuffisant pour relancer durablement la carrière de Mireille. Pour les producteurs, c'est la confirmation qu'elle ne fait plus recette ou, pas assez. Ils tiennent d'autant moins à elle que sur le tournage, elle a eu de nombreux problèmes de mémoire. Et son addiction à l'alcool devient de plus en plus flagrante. Donc, ces messieurs préfèrent se tourner vers des valeurs plus sûres. Pour son film suivant, *Le Dolmen tragique*, Mathot gardera Paulette Dubost, mais ne reprendra pas Mireille Balin.

Pour elle, c'est un sévère camouflet.

Un de plus.

Le dernier en matière cinématographique.

1. D'Alexandre Esway (sur un scénario de Joseph Kessel), avec Pierre Blanchar.

2. De Maurice Cloche, avec Pierre Fresnay.

3. D'Henri-Georges Clouzot, avec Louis Jouvet.

# 17

# ROUE DE SECOURS

Mireille n'aurait sans doute pas dû tourner *La Dernière Chevauchée*. Car en cherchant à reconquérir son titre de star, ce n'est pas la curiosité qu'elle a réveillée, mais la convoitise.

Pendant que le grand public s'intéresse peu à son sort et l'oublie – comme il oublie la plupart des célébrités d'avant-guerre[1] –, l'administration fiscale s'intéresse à elle. Le centre des impôts de Cannes la convoque pour lui faire remarquer qu'elle n'est pas à jour de ses paiements. Compte tenu des pénalités, la somme dont elle doit s'acquitter s'élève

1. Y compris Jean Gabin qui va traverser une période difficile avant de revenir au sommet du cinéma.

à vingt-deux millions de francs. Une véritable fortune ! Qu'elle ne possède pas.

Ne bénéficiant d'aucune source de revenus à court terme, Mireille doit vendre. Elle brade ses biens propres, mais aussi sa villa. La Catari change de mains pour une bouchée de pain. Avec elle s'envolent les derniers souvenirs des beaux jours.

Mireille oublie les grandes pièces et la vue sur la Méditerranée pour se réfugier dans un petit appartement donc l'unique attrait est de se situer près du casino du Palm Beach. Où elle continue de se rendre. Prise par l'ivresse du jeu, il lui arrive de jouer gros. Maurice Chevalier se souviendra qu'elle n'hésite jamais à oser des bancos. C'est une fuite éperdue. Elle perd plus souvent qu'elle ne gagne et sait qu'au bout des comptes elle sera forcément perdante.

Sa santé flagelle. Elle ne s'est jamais remise de son traitement à la prison de Fresnes et son addiction à l'alcool et à diverses drogues ne fait rien pour arranger les choses. Son corps ne cesse de lui lancer des alertes. La quarantaine n'a pas encore sonné, mais les signes inquiétants se succèdent à un rythme serré. Les médecins lui découvrent successivement une méningite, une congestion cérébrale et la fièvre de Malte[1].

Mireille Balin n'appartient désormais plus au monde du cinéma. Contrairement à d'autres, elle n'a jamais déploré de véritable cabale ourdie contre elle, pas de journaux qui se soient déchaînés sur sa liaison franco-allemande, pas de vindicte publique. Elle a, plus simplement, été laissée en marge, sur le bas-côté. Comme tombée dans un fossé où plus personne ne la regarde ni ne s'intéresse à son sort. Birl Dessböck non plus ne se soucie plus d'elle. Le couple, qui n'en était plus tout à fait un depuis l'épreuve de Fresnes, s'est définitivement disloqué. L'Allemand finira par regagner la Bavière où il fondera une famille.

Mireille ne fonde rien, mais construit sa solitude pierre par pierre. Les amants sont inexistants, les amis rarissimes. Certains viennent la voir comme on visite une vieille dame ou comme on contemple

1. Plus connue sous le nom de brucellose, cette maladie – alors mal connue et mal soignée – provoque des symptômes proches de la grippe, dont des poussées de fièvre, des malaises et une perte de poids.

une statue qui se lézarde de partout. La Balin ne se plaint jamais même si elle se doute que son sort est désormais scellé. Son nom n'étincellera plus en haut des affiches, son élégante silhouette n'éblouira plus les pages des magazines.

Et elle disparaît.

Non physiquement, mais médiatiquement, ce qui, pour elle, est peut-être pire. Plus une ligne dans la presse. Et si, par hasard – ou par malheur – le nom de Mireille Balin se glisse dans une conversation, nul ne saurait dire si elle est encore vivante ou non.

Elle l'est. Même si ses séjours à l'hôpital de Nice sont de plus en plus fréquents.

Son pactole a complètement fondu. Heureusement se manifeste une lointaine cousine prénommée Thérèse qui accepte de prendre l'ex-Gaby de *Pépé le Moko* sous son aile. Mieux : sous son toit. Elle lui propose de l'héberger dans son bel appartement parisien de la rue des Acacias (17e).

Mireille s'y installe au printemps 1957. Elle a 47 ans.

Elle occupe une petite chambre et, sous la

surveillance de sa cousine, combat sa dépendance à l'alcool. Souvent, elle erre dans un Paris qu'elle peine à reconnaître. Tant de choses ont changé. Pourtant Tino Rossi continue de chanter – et pas seulement son *Petit Papa Noël* – et Jean Gabin vogue de succès en succès, passant de *Razzia sur la chnouf* à *La Traversée de Paris*[1]. Il s'apprête à devenir Jean Valjean pour une nouvelle version des *Misérables*[2] qui sera un triomphe international.

Souvent, Thérèse laisse l'appartement à l'entière disposition de sa cousine. Car elle aime voyager et, d'avion en avion, parcourt le tour de monde. Jusqu'au jour où l'un d'eux la conduit vers une destination non souhaitée. Thérèse meurt dans un accident aérien.

Il est impossible pour Mireille de rester rue des Acacias. Elle réunit ses maigres économies pour s'installer rue Claude Pouillet (17e). Hôtel de Villiers. Un établissement modeste dont l'un des attraits est son jardin. On est loin du George V.

1. Respectivement d'Henri Decoin et de Claude Autant-Lara.
2. Réalisée par Jean-Paul Le Chanois.

Étrangement, la présence de Mireille dans la capitale ravive l'intérêt de certains journalistes. En juillet 1960, Voldemar Lestienne l'interviewe pour *France Dimanche*. Cet hebdomadaire continue de la suivre et publie régulièrement de ses nouvelles.

Puis c'est au tour de la télévision de s'intéresser à elle. Pour la première – et, malheureusement, unique – fois, Mireille Balin apparaît sur le petit écran lors d'un film auquel elle a participé. *Au-delà de l'écran* lui consacre une partie de son émission du 15 janvier 1961. La pétulante Odette Laure[1] est chargée de l'interviewer dans un salon de l'Élysée Matignon. Le résultat tel qu'il apparaît dans la lucarne est court. Le spectateur apprend que Mireille est encore en convalescence, mais constate qu'elle n'a rien perdu de son élégance. Il découvre que l'actrice a surmonté de nombreuses maladies et que sa carrière n'a pas suivi tout à fait le cap qu'elle souhaitait :

– J'aurais voulu que l'on me fasse confiance une fois pour pouvoir tourner une comédie, quelque

1. Elle-même actrice.

chose de plus normal et de plus vivant, dit-elle ; pas toujours noir, avec des meurtres, des assassinats et de l'espionnage.

Les femmes fatales sont pourtant rarement faites pour la comédie.

Ce court entretien se termine par cette phrase à la Édith Piaf :

– Je ne regrette absolument rien.

S'il est parfois question de son passé dans certains médias, il n'est jamais question de son présent, et encore moins de son avenir puisqu'elle semble ne plus en avoir. Or son présent c'est le dénuement total. Ses finances ne sont même plus dans le rouge, elles sont inexistantes. Plus un sou dans son portefeuille, plus de compte en banque ; et aucun projet en vue. Le zéro absolu.

Mireille contacte l'association *La Roue tourne* créée quelques années auparavant par l'acteur Paul Azaïs. Celui-ci s'est rendu compte à ses dépens[1] que les comédiens ne bénéficient que d'une très mauvaise couverture sociale et d'une quasi-absence

1. Suite à un accident au cours duquel une voiture le renversa.

de retraite. Or, étant plus souvent cigales que fourmis, beaucoup ont omis d'économiser pour leurs vieux jours et se retrouvent dans un dénuement total. Le financement de cette association à but non lucratif provient de dons, mais aussi de ventes aux enchères d'objets appartenant à des artistes. Dès le départ, Azaïs parvient à fédérer de nombreux grands noms du spectacle : Jean Marais, Michèle Morgan, Jean Cocteau, Jacques Tati, Jacques Brel, René Clair… et même Tino Rossi[1] !

Les bénévoles de l'association prennent en charge les artistes dans le besoin en leur apportant aides financière et morale. Dans le cas de Mireille Balin, Paul Azaïs lui déniche un petit appartement proche de la place de la République (11e) et parvient à lui octroyer la modique somme de vingt francs par jour. D'autres artistes habitent dans le même immeuble, dont Milly Mathis, joviale habituée des rôles de Pagnol[2], et Gina Manès qui débuta

1. À distance, et discrètement, Tino Rossi veillera au bien-être de Mireille en effectuant des dons réguliers à l'association.

2. Elle préférera rejoindre sa Provence qui lui est si chère et s'éteindra à Salon-de-Provence le 30 mars 1965.

au temps du muet et accumula les rôles jusqu'au début de la guerre[1].

Mireille se fait une nouvelle amie en la personne de Suzy Carrier, actrice prometteuse dont la carrière fut brisée suite à un accident de voiture[2]. Désormais épouse d'un comte[3], elle se consacre beaucoup à l'association.

Un jour, Suzy lui apporte une bonne nouvelle : un producteur belge souhaite financer un film autour de *La Roue tourne* et promet d'engager divers comédiens, parmi lesquels figure Mireille. Hélas, ce noble projet tombe vite à l'eau.

Mireille continue de se battre contre un corps qui répond de moins en moins à ses attentes. Sa santé ne cesse de lui causer d'énormes soucis. Jusqu'à son visage qui se couvre de plaques. Elle entre à l'hôpital pour se faire soigner, mais le résultat est peu probant : après quelques semaines, les plaques réapparaissent, plus sombres qu'auparavant.

1. Elle mourra à Toulouse, le 6 septembre 1989, à l'âge respectable de 96 ans.

2. Qui fut suivi par une convalescence de quatre ans.

3. Le comte Alexandre Borgia.

Elle déménage pour intégrer un petit immeuble porte de Champerret, appartenant à Paul Azaïs, dont il a ouvert les portes pour accueillir les démunis de *La Roue tourne*. Le journaliste Pierre Philippe qui vient l'interviewer est frappé par le visage de Mireille qu'il reconnaît à peine. Le contraste est d'autant plus violent que sur les murs de la cuisine collective sont punaisés des clichés de la Balin du temps de sa splendeur.

Comment une star peut-elle en arriver là ? se demande-t-il.

« Je ne sais pas ce qui s'est passé, lui répond Mireille, soudain tout le monde s'est mis à parler de moi, à écrire des histoires idiotes, à me salir… Des gens que je n'avais jamais vus ont publié des interviews incroyables… Que faire ? Oh ! Je les excuse, c'est le métier… Il faut ça aux gens, n'est-ce pas ? Une histoire vraie, propre, ça n'intéresse personne, alors on brode, on met autour une dentelle sale… »[1]

Mais Mireille reste attachée à sa propre légende.

1. *Cinéma 61* (n° 59) – septembre 1961.

Elle continue de parler d'une enfance qui n'est pas tout à fait la sienne. Évoque des parents appartenant à une bourgeoisie aisée, fait croire qu'elle fut la seule Française – avec Dorville – sur le tournage de *Don Quichotte*, alors qu'ils étaient beaucoup plus nombreux[1]. Elle ne sait plus, elle confond, elle se trompe. Pour combattre la médiocrité de son quotidien, elle se réfugie dans ses rêves que, bien entendu, elle embellit. La femme couverte de diamants, la star internationale, la beauté à laquelle tout le monde succombait, tout cela est désormais exagéré. Mireille Balin n'a jamais été ni Greta Garbo ni Marlene Dietrich, même si sa célébrité internationale fut indéniable.

En contrepartie, elle n'affabule plus quand elle évoque sa notoriété soudaine :

« J'ai eu honte, tout à coup, parce que je ne savais toujours rien de ce métier. Je me suis dit : maintenant, il va falloir faire attention. Et puis j'ai senti les yeux braqués sur moi, les bons petits copains qui n'attendaient qu'un faux-pas. Et moi,

1. À commencer par Jean de Limur qui veilla sur elle.

j'étais d'une timidité maladive, alors je me suis redressée, j'ai joué la hauteur, l'orgueil. »[1]

Sans s'en rendre compte, elle fournit les clefs de son ostracisme : la hauteur, l'orgueil. Si elle avait joué les filles du peuple, son destin aurait, peut-être, été tout autre. Si elle avait misé sur la discrétion, aussi. Mais elle a assumé son statut de vedette en forçant le trait. La demi-mesure n'a jamais été son fort.

Aujourd'hui, c'est une autre femme. Une faible femme, pourraient considérer certains. Ce qu'elle réfute sans détour :

« Quand on a été, comme moi, jusqu'au fond, on revient vers les choses avec toute une philosophie, tout un bonheur de vivre. Je n'ai plus rien, mais jamais je ne me suis sentie vivre comme maintenant, avec cette plénitude. »[2]

*La Roue tourne* continue de chercher des fonds. Des spectacles avec d'anciens artistes sont organisés, mais Mireille n'y participe jamais. Elle ne sait pas

1. *Cinéma 61* (n° 59), septembre 1961.
2. *Ibid.*

chanter, sa mémoire est trop défaillante pour qu'elle apprenne une saynète et, surtout, elle ne ressemble plus à l'ensorceleuse beauté qu'elle fut. Les spectateurs ne la reconnaîtraient pas ; certains auraient peut-être même des frissons d'effroi. Mireille ne veut pas faire pitié.

Elle est étonnée d'apprendre qu'elle compte encore des admirateurs. Certains lui écrivent ou lui téléphonent, d'autres lui font des cadeaux, dont un piano qui égaye son quotidien.

Sur un plan médical, elle continue d'être suivie. Son praticien ne cesse de lui demander de réduire sa consommation d'alcool, mais elle lui rétorque que c'est son seul plaisir. À quoi bon lutter contre une femme qui n'en a toujours fait qu'à sa tête… et à son cœur.

La soixantaine approche à pas de loup.

Vingt ans. Voilà plus de vingt ans qu'elle n'est plus apparue dans un film. Vingt longues années à errer dans les couloirs de ses souvenirs, à regarder les jours se succéder avec la même morosité, parfois tachetée de petites touches de plaisir.

En mai 1968, les étudiants se révoltent, arrachent

les pavés des rues de Paris pour les jeter à la tête des CRS. Combien, parmi eux, savent qui est Mireille Balin ? Une poignée de cinéphiles. Désormais, les stars se nomment Brigitte Bardot, Catherine Deneuve et Michèle Mercier.

La santé de Mireille continue de décliner. Inutile d'avoir prêté serment à Hippocrate pour deviner que la fin est proche.

Le 8 novembre, elle est transportée à l'hôpital Beaujon de Clichy. Paul Azaïs l'accompagne.

Mireille demande à ne bénéficier d'aucun traitement de faveur et accepte d'être installée dans la salle commune. Les bruits autour d'elle, quels qu'ils soient, lui rappelleront les tumultes de la vie.

Elle en profite peu.

Dans la nuit, elle s'évade dans le coma.

Elle n'en reviendra jamais.

# CARRIÈRE

*Don Quichotte* (1932)
de Georg Wilhelm Pabst

*Le Sexe faible* (1933)
de Robert Siodmak

*Adieu les beaux jours* (1933)
d'André Beucler et Johannes Meyer

*Vive la compagnie* (1933)
de Claude Moulins

*On a trouvé une femme nue* (1934)
de Léo Joannon

*Si j'étais le patron* (1934)
de Richard Pottier

*Marie des Angoisses* (1935)
de Michel Bernheim

*Jeunes filles de Paris* (1936)
de Claude Vermorel

*Le Roman d'un spahi* (1936)
de Michel Bernheim

*Pépé le Moko* (1936)
de Julien Duvivier

*Gueule d'amour* (1937)
de Jean Grémillon

*Naples au baiser de feu* (1937)
d'Augusto Genina

*La Vénus de l'or* (1938)
de Jean Delannoy et Charles Méré

*Le Capitaine Benoît* (1938)
de Maurice de Canonge

*Terre de feu* (1938)
de Marcel L'Herbier

*Coups de feu* (1939)
de René Barberis

*Rappel immédiat* (1939)
de Léon Mathot

*Menaces* (1939)
d'Edmond T. Gréville

*Cas de conscience* (1939)
de Walter Kapps (tournage interrompu)

*Macao, l'enfer du jeu* (1940)
de Jean Delannoy

*Les Cadets de l'Alcazar* (1940)
d'Augusto Genina

*Fromont jeune et Risler aîné* (1941)
de Léon Mathot

*L'Assassin a peur la nuit* (1942)
de Jean Delannoy

*Dernier Atout* (1942)
de Jacques Becker

*Haut-le-Vent* (1942)
de Jacques de Baroncelli

*La Femme que j'ai le plus aimée* (1942)
de Robert Vernay

*Malaria* (1942)
de Jean Gourguet

*La Dernière Chevauchée* (1947)
de Léon Mathot

ILS ONT COLLABORÉ À CE LIVRE :

PIERRE FOURNIAUD
DIRECTION ÉDITORIALE ET COORDINATION

CHIMÈNE PEUCELLE
CORRECTION

BRUNO RINGEVAL
COMPOSITION

YVAN CARDONA
IMPRESSION

MARIE-ANNE LACOMA
SUIVI COMMERCIAL ET PROMOTIONNEL

FLORA MORICET
RELATIONS PRESSE

LES ÉQUIPES DU CDE ET DE LA SODIS
DIFFUSION ET DISTRIBUTION

AGENCE TRAMES
CESSIONS DE DROITS

LES LIBRAIRES
COMMERCIALISATION ET PROMOTION

DÉPÔT LÉGAL : AVRIL 2022
IMPRIMÉ EN UE

Achevé d'imprimer sur les presses de In Tempo en avril 2022
Dépôt légal : avril 2022 - Impression : 203414